来館待ってます！

学校図書館のアイデア&テクニック

手軽にトライ

秋田倫子

目次

はじめに

はじめまして。熊本県の県立高校で学校司書をしています、秋田倫子と申します。これまで予算のとても少ない学校、潤沢な学校といろいろ経験してきました。「予算は本に使いたい、買った本を手に取ってほしい」という思いのもと、これまでいろいろなケチケチ作戦を展開してきました。学生時代、家庭科も美術も得意ではなく、自分のことを器用と思ったこともありませんでした。そんな私でしたが、いろいろな方のいろいろな工夫をまねし続けることで、いつしか仲間内からは「図書館グッズは秋田に聞け」と言われるようになりました。

この本の中では「特に意識されないけれど便利さが増す工夫」や「パッと目を引く飾り」、「利用者を喜ばせたいという思い」などを紹介していきたいと思います。

二〇一六年には熊本地震が起こり、たくさんの学校図書館も被災しました。幸い私の勤務地は震源から遠かったため被害はありませんでしたが、これまでとは違った視点で図書館運営に取り組む必要性も感じました。学校の空間の中でこれほどモノ（本）が密集した場所はないと思います。各校でできるところからコツコツと対策が進めばと願います。

「もっとよい方法があるのに」とか「こんなことやってるの」などと

思われる方も多いと思います。学習支援や先生方との協働、広報や図書委員会活動など、やるべきことが山ほどあるのが学校図書館です。できていないことが山のようにある私です。装飾に凝りすぎるのは本末転倒との思いもあります。バランス良く仕事を進めないといけないなと反省しきりです。

とはいえ、この細かい試行錯誤、不器用なりの努力、新しいモノ好き（熊本弁で「わさもん好き」）なマインドが、学校図書館に関わる方にちょっとでも役立つとうれしいです。数年後には、我ながらどうかしてたと後悔するものもあるかもしれません。それでもよいと思っています。「図書館は成長する有機体である」のですから。

第１章

図書館を使いやすく、入りやすく

図書館を使いやすく、入りやすく

見出しのチカラ

まず最初に、「利用者と本が出会う最前線」を陰で支える書架見出しについて取り上げたいと思います。

司書にとって図書館の本の並びの法則性はごく当たり前のものです。ＮＤＣによって分類され、似た内容の本が並び、これの次はこれと把握できています。しかし利用者の多くはそうではありません。ジャンルによってはＮＤＣ三桁、四桁では並べにくい分野も出てきます。

例えば４９０の医療の分野は大変複雑な分類になっています。体の機能、病気、看護、栄養、健康……。三桁の分類と著者記号で並べてもわかりにくく、関連してそうな本が離れていたりします。利用者は手に取った本をどこに戻してよいやら途方にくれるでしょう。

それをわかりやすく整理してくれるのが、書架に差し込む見出しです。例えば看護学と看護師は、ＮＤＣは違いますが「看護」として並べて置いた方がわかりやすいですよね。特に498は蔵書の構成を見ながら、「栄養」「食の安全」「健康」「睡眠」など、キーワードを見出しにすると排架もしやすいと思います。決してNDCを軽視しているのではありませんが、分野によっては仕方ないと割り切っています。

ところで皆さんはどのように見出しを作っておられますか？ ブックエンド機能もついた紙を差し込む方式の図書館用品は、高いのでとても買えません。見出し語を印刷して厚紙を挟むように貼り、本の補強フィルムでカバーするという方もおられるでしょう。私の場合は色画用紙に見出しを両面印刷し、カットしたものをラミネートします。奥行きの調整など、切る作業が多くなりますが、ディスクカッター（88ページ参照）を使うと簡単です（角を丸める加工もお忘れなく）。

棚板に引っかかるように切り込みを入れるのもよいと思いますが、書架から落ちやすくなりますので、奥行きに合わせた大きさで作る方がシンプルで収まりがよくなります。画用紙の節約のため、必要最低限の大きさに印刷しラミネートして作っている方もいらっしゃるでしょうが、耐久性や差し込みやすさを考えるとおすすめできません。判型の大きい実用書のある棚は棚からはみ出るくらい大きく作りましょう。そうしないと本に隠れて見えなくなってしまいます。

手作り見出しで使いやすく

見出しがないと

３類の棚。社会学、福祉、教育など、さまざまな本が並んでいて探しにくいですね。

二つの書架を比べてみて

見出しがあれば

福祉や教育は特にトピックごとに並べて見出しを置くとわかりやすくなります。

４９０の棚

複雑な医療系の書籍は、使いやすく分類し直して見出しを入れ、その見出しに従って排架しています。

見出しの作り方

①

まず画用紙に見出し語を両面印刷し、カットしてからラミネート加工します。
私は黄色い画用紙をよく使うのですが、館内を明るくしてくれる気がしますし、色あせも目立ちにくいように思います。

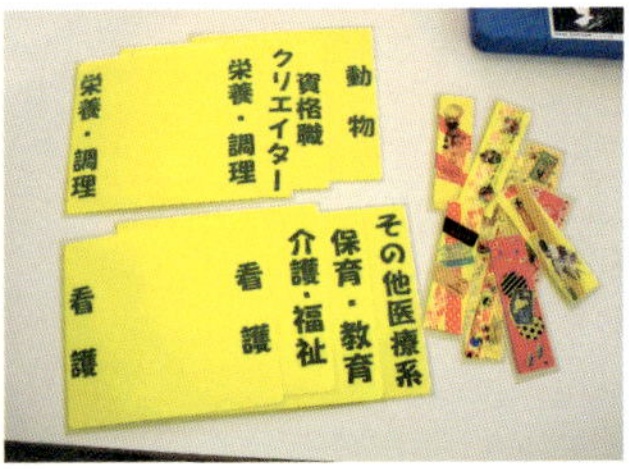

ラミネートフィルムに余白がある時はしおりを作って有効活用します(p.71 参照)。

②

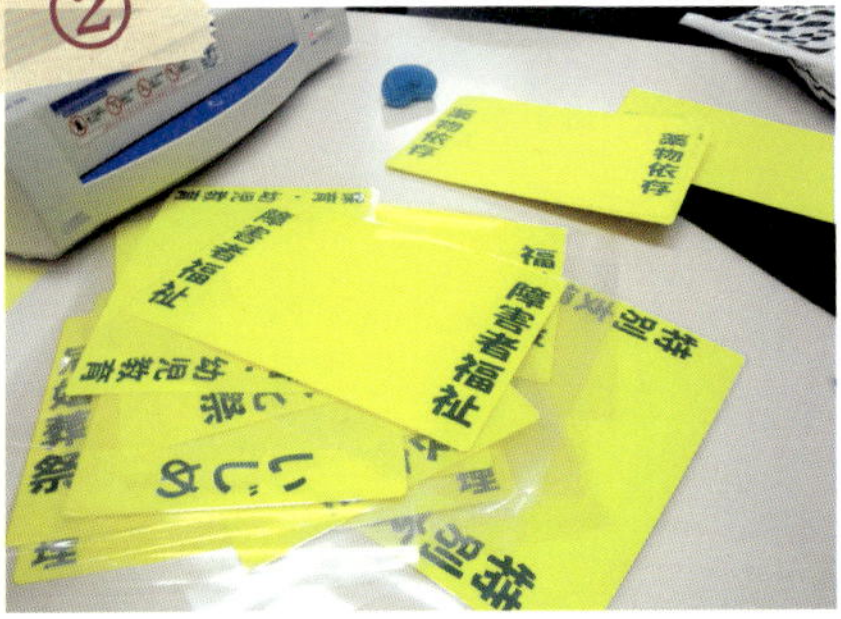

左右に項目があるのは、まず片面印刷し、ひっくり返して再度印刷して作っているからです。

③

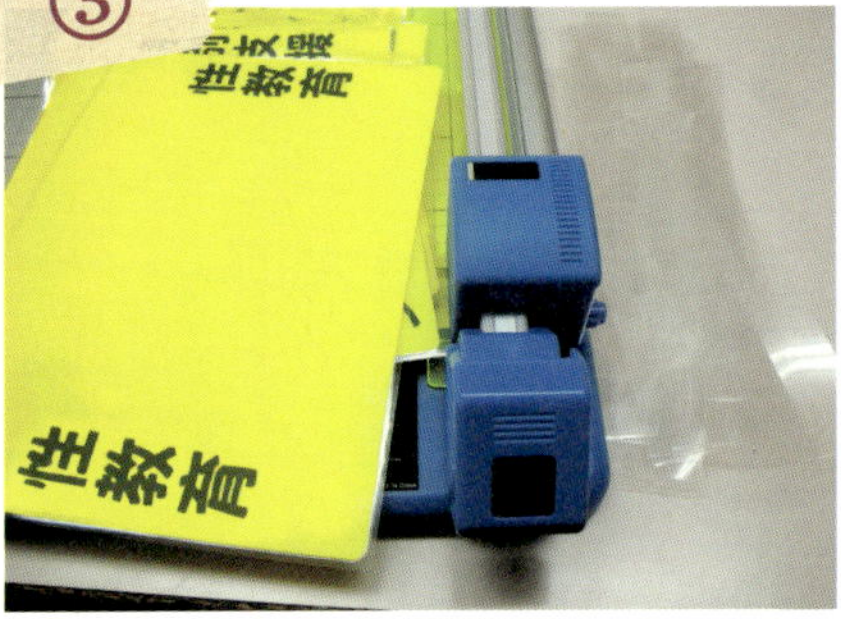

ラミネートした後はディスクカッターでまとめてカットします。

棚に合わせて作る

文庫棚

文庫本の棚にも著者名の見出しがあると便利。サイズが小さいので、B5判の画用紙に二人分名前を印刷し、裏面にも印刷をします。

大判の本の棚

すごく棚からはみ出ているように見えますが……。

大きめの実用書が多い棚にはこのくらいがちょうどよいようです。

ちょっとひと工夫

角を丸く

カット後のとがった部分は角を丸める加工をします。角から傷みやすいですし、当たると痛いですしね。ラミネート前の紙も実は加工済みです。その方が美しくできます。

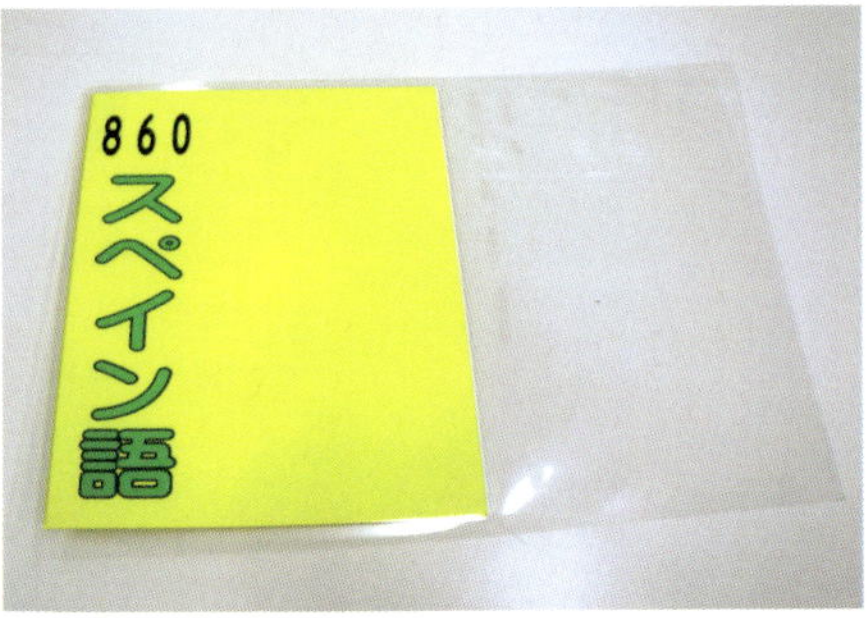

紙をケチらない

画用紙を節約して作るとこうなりますが、差し込みにくく落ちやすくなります。ここは思い切って大きめに。

見出しの効能　まとめ

見出しが細かくある棚には書架整理を促進させる力があります！隣や下段のジャンルの本があるとすごく気になるのです。利用者のためだけでなく、排架しやすく整理しやすいという見逃せないメリットがあります。

書架を使いやすくする工夫

本をまっすぐに立てる

書架に並んだ本は、まっすぐ整然としているとすがすがしいです。書架の一段一段には二、三冊分の隙間があるように排架しましょうと、司書養成課程で習った気もしますが、余裕を持たせてそうすると一番端の本はパタリと倒れてしまいます。ブックエンドで押さえるのが一般的かと思いますが、意外と邪魔だったり圧迫感があったりします。

そこで引き出しの中を整理するマグネット付きの仕切りです。目立たずクールに役割を果たしてくれます。

でも書架が乱れてるとちょっとうれしくなるのは私だけでしょうか。全然さわられないより、手に取られる方が本だってうれしいんじゃないかなと思います。どんな本に興味があるかのリサーチにもなりますしね。

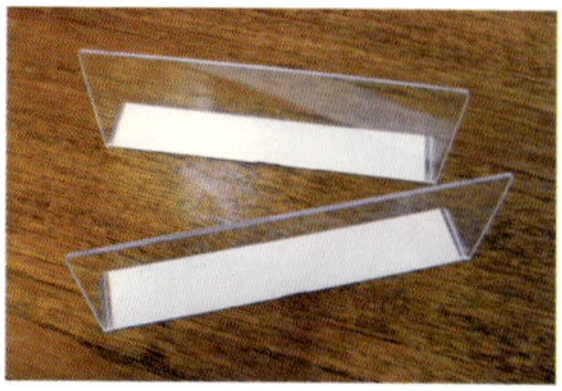

引き出しの中を整理する透明な仕切り。底にマグネットが付いています。

書架が乱れています。

手に取られたということでうれしいのですが……。

ブックエンドを利用すると、本がよく見えません。

透明な仕切りで問題解決

スチール書架には、棚板にマグネットがくっついて軽く固定できます。

奥に見えるのは特製スペーサー（p.18 参照）。
木製書架でも十分使えます。

本の背を見やすく

平湯モデルの図書館家具がそろっていれば、本を並べるだけで見やすく機能的で、地震にも強い図書館になるのですが、そうではない学校が大半だと思います。窓下書架やスチール書架の下段など、目線が下になったり、かがまないと取れない場所にある本は、ゴールデンエリアにある本より不利な感じがします。

そこでせめて背表紙だけでもちょっと見やすくと思って、いろいろ試してみました。画像では伝わりにくいですが、1、2センチほど背表紙が上向くだけで本のアピール度が増します。

本の落下防止テープやシートなどは各社から出ています。書架の上段にはシート、中段にはテープ、そして下段には傾斜の付いたマットなんてできたらいいのにと思いました。児童生徒の安全と機能性アップのために、何ができるかを考えていきたいです。

※平湯モデルとは、元純心女子短期大学教授で「図書館づくりと子どもの本研究所」主宰の平湯文夫氏が研究考案した、図書館の書架ならびに館内デザイン。

背を見やすくする工夫

室内の段差解消のためのスロープを流用しました。木目調です。

直径2cmほどの突っ張り棒です。棚に合わせて突っ張れるのでずれません。

白い突っ張り棒ではこんな感じ。

引っ込ませない工夫

スペーサーといえば牛乳パックなどをつないだり、段ボールを切って重ねて作る方法が多いかもしれません。判型が同じならばこれですっきり本が並びます。しかし本校の場合、9類と大型セットもの以外は同じ分野の本を文庫から一般書まで混ぜて排架していますので、小型の本の背表紙はよく見えなくなります。

そこで私が推奨しているのが厚さ5ミリのカラーボードです。これは加工がしやすく、虫の心配もなく、水ぶきもできて、百円ショップで買えます。厚さ5ミリというのはストッパーとしては頼りないものですが、反面、大型の本だったらボードの上に載せて並べられるという絶妙なものなのです。大型本が出っ張って邪魔ということがありません。本へのあたりも柔らかなので、小口を傷めることもありません。スペーサーとして存在感が薄いところもポイントです。

使い勝手のいいカラーボード。

カラーボードを使ったスペーサー

ボードの幅は書架の一連と同じくらいです。
カッターで簡単にカットできて扱いやすいです。

角材のスペーサーは地震の時に危険との声もありました。

before

after

文庫から大型の本まであり、デコボコで探しにくかった棚がすっきりしました。

利点がいろいろ

大きな判型の本は載せられるので出っ張りません。

この存在感のなさも素晴らしい！

スケルトンなサイン

一般的な掲示物は紙に手書きか印刷されていますが、これはまさにスケルトン。このサインのポイントは、手作り感があまりなく珍しいことと、視界を遮らないことです。スケルトンタイプはすっきりしていて、なかなか学校内では見かけないタイプのサインです。

この透明でプリンターで印刷可能な素材は、プリンター対応のOHPシートです。コピー用紙に比べるとずいぶんコスト高になるのですが、市販の図書館用品のサインよりはお手頃です。

コツは、文字には濃い色を使うことです。さらに黒で縁取りをつけると、視認性が断然よくなります。文字の加工などはラベルマイティというソフト（92ページ参照）を使いました。材料や道具がいろいろ必要でハードルが高めですが、「文字が浮いて見えるサイン」ってちょっとクールな感じがしませんか？ ぜひ、チャレンジしてみてください。

スケルトンなサインの実際

裏から見ても情報が読み取れます。

サインホルダーに入れています。

OHPシートに印刷して作ります。

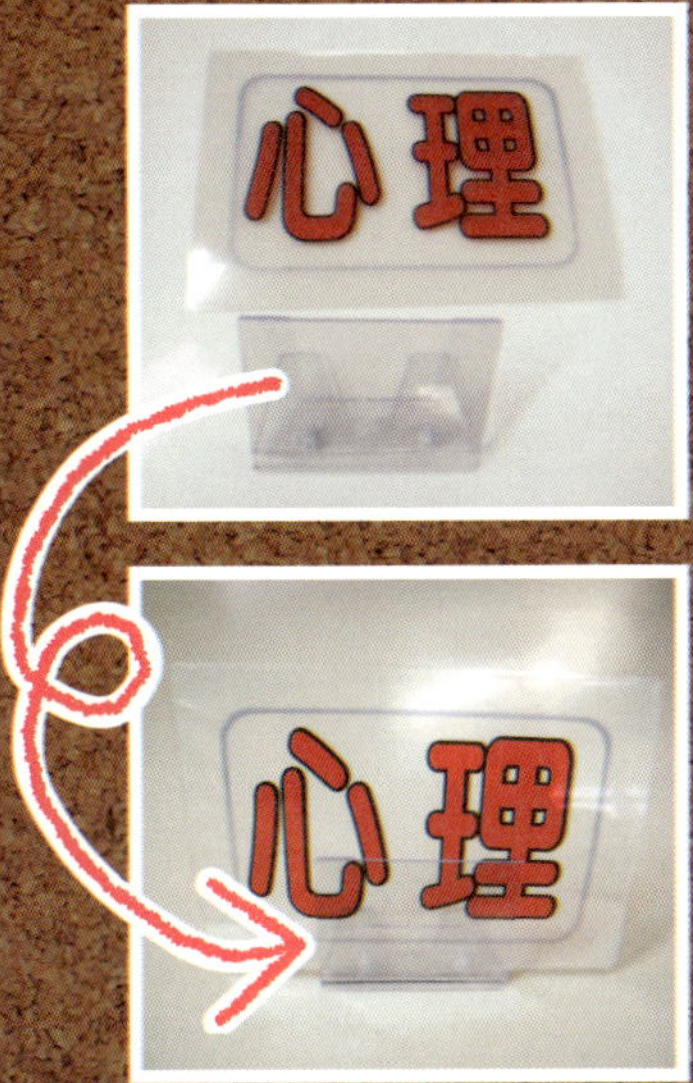

ラミネートしてカードスタンドに立てても。

文字は濃い色で印刷し、黒で縁取りをしましょう。

パッと目につく

ブラックボードの威力

ブラックボードとは、飲食店などの前によく置いてある黒地のボードです。一番の特徴はホワイトボードやチョークで書く黒板より（ペンの色にもよりますが）、断然視認性がよいことです。

ボードには、その時知らせたいことを端的に書きます。メインの文言は一文字10センチ以上であれば、遠目にも目を引きます。パッと目につき、意味が読み取れないといけません。特に入り口付近に置くボードには、チマチマ書かないようご注意くださいね。

この大きな文字を書くためには太いペンが必要です。ですが極太のペンは三百円以上しますので、そう何本も買えません。そこで活躍するのが白抜き文字です。普通の太字ペンでいくらでも大きく書け、インクも少なくて済むので消すのも楽です。まずはアルファベットから書いてみることをおすすめします。

ペン選びにもコツがあります。私はもともと角芯のペン推奨ですが、理由は丸芯よりも太く書けるし細くも書けるからです。色はまず白、それからピンク、黄色、水色がおすすめです。ペンを買う際は、色と太さとペン先を考慮してお好みのものをどうぞ。

もっと飾りたい場合は、マグネットや造花を使われることをおすすめします。イラストが苦手な私は、マグネットシートにプリントしたものでアクセントをつけています。

ボードを掲示していると、常連でない生徒から突然話しかけられます。一瞬、「?」と思うのですが、これはボードに書いた問いかけに対してのお返事なのです。自分になりかわって多くの生徒に語りかけてくれるブラックボードの威力を、皆さん、体感してご覧になりませんか?

最後に、ブラックボードを活用する上での意外なコツをお知らせします。「書くネタが無い時は引っ込めておく」です。時期が過ぎたり、インクがはがれてきたりしたら即撤去です。「無いよりマシ」ではなく、「無い方がマシ」なのです。数日無かったボードが置かれると、より目を引きます。「書きかえるヒマがない〜」と焦らなくても大丈夫。明日書きましょう。

なぜブラックボード？

黒板

ホワイトボード

黒板、ホワイトボードに比べて視認性が抜群。

ブラックボード

絵心0でもOK!

絵心が全くなくてもできるキラキラ装飾です。文字の周りに点々を書き、ところどころに×や＋を足すと輝きだします。

ここに気をつければ成功

ペンをよく振ってインクを攪拌し、ペン先にしみ込ませましょう。でないと薄くなりますよ。

逆にインクが多すぎるとたれるので、乾かす時間が必要です。厚塗り部分が後でひび割れることもあります。

小さく軽い、つるせるミニボードタイプ

ブラックボード用のペンは使える！

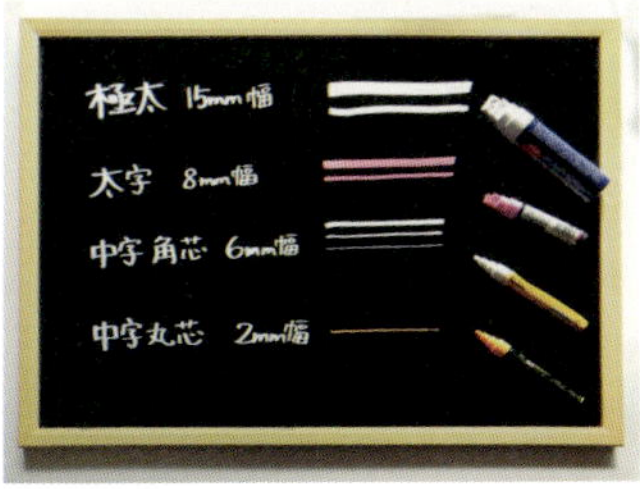

ペンの色よりも太さのバリエーションが重要だったりします。

白抜き文字で太いペンと同じインパクトを出すことも可能。

紙にもガラスにも普通に書けます。不透明インクなのでニュアンスが出ます。上の写真の紙を留めているマグネットについてはp.59 参照。

ブラック
ボード
ギャラリー

2014年「新潮文庫の100冊フェア」より

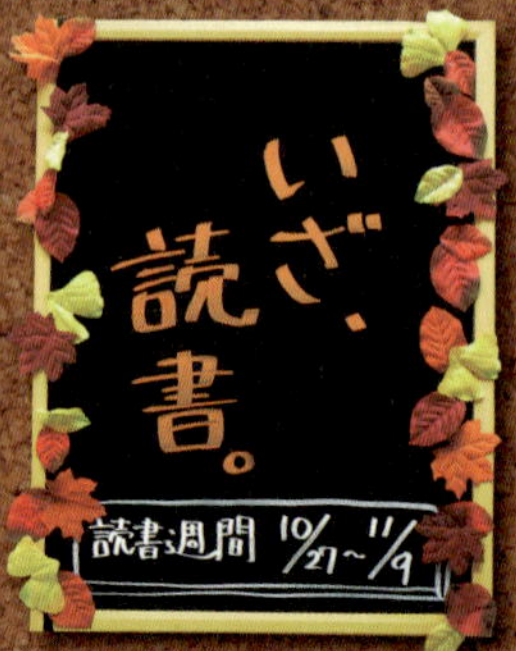

2016年読書週間キャッチコピーより

気になるキャッチフレーズやコピーはすぐネタにします。

やわらか図書館学
（http://yawatosho.hateblo.jp）より

イーゼルが必要だけど縦横自在に使えるボードタイプ。

マグネットや小物で季節感や楽しさをプラスします。

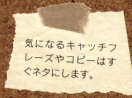

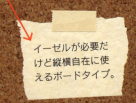

みんなが作ったブラックボード

生徒に書いてもらった御守配布告知。御守については p.72 参照。

このボールは寄せ書き用色紙だそうです。

自立して使えるＡ型タイプ。

イラスト上手でセンスがある方が描くお手本。

イラストが描けない人は、マグネットシートに著作権フリーのイラストを印刷して使いましょう。(p.59 参照)

熊本県立岱志高等学校司書　渡辺芙美さん作（右上も）

コーナー展示が図書館のキモ！

皆さんは展示コーナーをいくつ作っておられますか？　毎年、この季節、この時期はコレという定番のものから、有名な文学賞をとった作家のコーナーやニュースで話題のトピックなど、さまざまだと思います。

私の場合は新着本のそばに平置きの展示スペースを作っていて、本のサイズにもよりますが八冊ほど展示しています。このほかに、回転式のネットディスプレイの一面ずつにミニコーナーを作っています。こちらは三〜五冊ほどの本しか展示できないので、特集コーナーを作りたいけれど関連本が蔵書に少ない場合などでも気軽に設置できます。

コーナー展示には「こんな本あるよ！　読んでみない？」と知らせるという目的があるのですが、たまには「たぶん借りられないだろう、でも展示をやる！」こともあります。「異常気象」や「アメリカの大統領選」のコーナーなどはほぼ無反応だったりします。でも、図書館の「いろいろな本を収集している」というアピールは重要だと思ってやっています。利用者は新着本のコーナーを見て展示コーナーを見てチェック終了、というパターンが多いと思います。奥の書架までチェックする気もヒマもない利用者に、司書だからこその「こんな本もあるんだよ」と紹介する作業は重要です。

映画化された小説や小論文対策などのコーナーを常設されている学校も多いと思いますがこの常設コーナーがなかなか厄介です。面出しするには冊数が多く、書架の一角を使っても収まらず、一般の本とどう区別するのか曖昧になりがちです。排架がややこしくなるので、私は新着本と面出しのコーナー展示のみにしています。

「こんな本あります」とか「本日のおススメ」とか日替わりで一冊紹介するコーナーにこれまで数回チャレンジしましたが、一週間と続けられませんでした。一か月分の日めくり名言カレンダーのように三一冊分、紹介文や書影を準備してやってみようかな、などと考えています。

コーナー展示いろいろ

定番の展示：クリスマス、おいしそうな小説、部活動小説など。

学校行事と連動：ＤＶ講演会の前後や高校総体後の新体制づくりの時期などに設置。

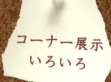

授業関連：堅いテーマの展示は先生方への授業支援アピールの意味合いもあります（本校には農業系の学科があります）。

入り口のガラス窓には「NO BOOK NO LIFE」と装飾してました。

コーナー展示にはブラックボード（p.22 参照）やマグネット（p.56 参照）など、すべてのテクニックが投入されているのです。

本を長く美しく活かすために

補強フィルムの掛け方のコツ（薄い本）

基本的なフィルムの掛け方は、図書館用品各社のＨＰなどをご覧ください。今回は実用書などの大判で薄い本に掛ける際に、私がやっている失敗しないためのささやかな工夫をご紹介します。

大きな本でやりがちな失敗はフィルムの巻き込みです。フィルムの端を本の下に挟んでおくと安心です。表紙の内側に折り曲げるフィルムは、長さの半分くらいで切れ目を入れ二回に分けて貼ると、浮かずにきれいに貼れると思います。切れ目を入れてもよく見ないとわからないですし、耐久性も変わりません。横長の本でも使えるテクニックです。本の大小にかかわらず背の部分でカバーに折り返すフィルムにも切れ目を入れると、こちらもぴっちり貼れます。

補強フィルムの掛け方のコツ

カバーのある本は、袖の部分を斜めにカットするのが大原則。

コツ①

コツ②

貼りはじめはココ。

これから貼るフィルムの端は、本の下に挟んでおくと安心。

コツ③、④

ここに切れ目を入れています。
折り返したときの引きつれ、
シワが防げます。

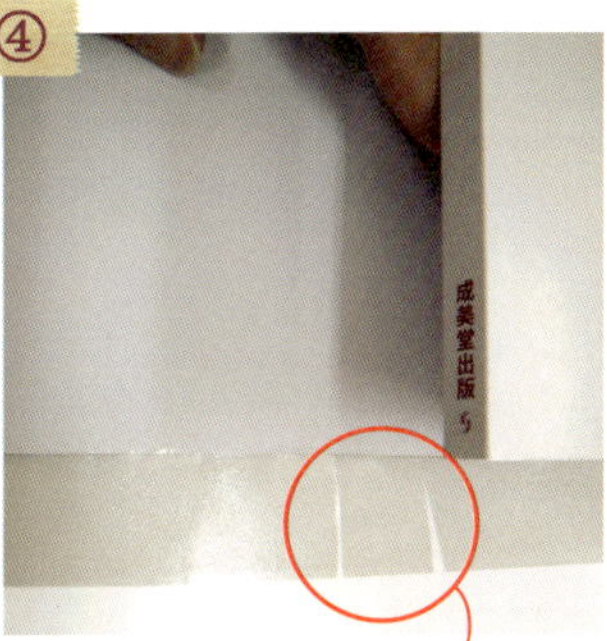

本の厚さに合わせて
２本の切れ目を入れて
います。

仮フランス装って？

皆さんは装丁を見るのはお好きですか？　ひとことに本といっても、装丁もいろいろありますね。その中に仮フランス装というハードカバーとソフトカバーの中間のようなものがあります。

本の基本的な構造は「本体と表紙が見返しによって合体」しています。しかし、この仮フランス装の本の場合は往々にして背の部分だけが接着され、見返しが表紙にくっついておらずヒラヒラしていることが多い気がします。このままだと補強フィルムがカバーと表紙だけに貼られることになります。せっかくなら「カバー＋表紙＋見返し（本体）」をがっちり固定したいものです。

元から見返し紙がちゃんと表紙に貼ってある装丁もあるのですが、生徒にフィルムかけ作業をしてもらうと、おそらく「悪い例」（次ページ）のように貼ってしまうでしょう。ですので、受入時に「仮フランス装の本だ！」と気づいた段階で見返しと表紙をスティックのりでガッチリ固定しておくとよいのではないかと思います。せっかくのステキな装丁です。できるだけ長く美しく本を保つために、気をつけたいポイントだと思います。

※なお、ページを糸でかがっているものは「フランス装」と呼びます。仮フランス装はのりづけです。

仮フランス装と一般書籍

仮フランス装

このような装丁の本。
手になじみやすく、
おしゃれ！
でも見返しがヒラヒラ浮いています。

ふつうの本(上製本)

見返しは表紙裏に固定されています。

良い例と悪い例

良い例

見返しをカバーの下に
挟み込んで……、

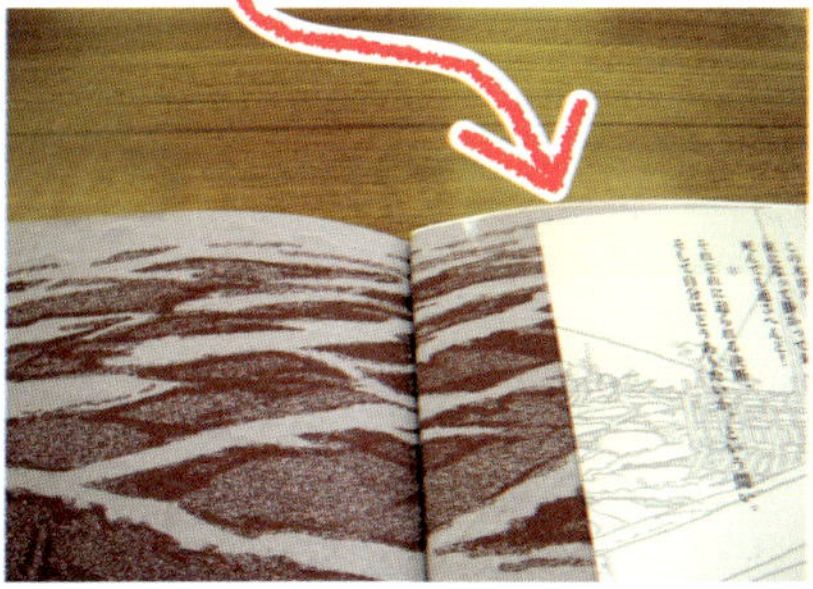

見返しを表紙と
カバーに挟んだ
状態でフィルム
をかけるのが正解！

悪い例

見返しを浮かせて
いると、ここから
壊れちゃいます。

あのレーベルのカバーはがし

図書館泣かせのレーベルに、講談社ＢＯＸというものがあります。箱入りソフトカバーという形状なのですが、ライトノベルの構成要素として重要なカバーイラストが箱にしかないのです。本体表紙には形ばかりのタイトルや著者名などがあるだけで、カバーもなければ背にタイトルすらありません。

図書館の本は原則的に箱を外しますよね？　このレーベルの装備は本当に各館それぞれで苦労がしのばれます。以前は箱に貼ってあるイラストを電気ストーブなどで加熱し、粘着力を緩めてからはがしていました。しかしこれは大変面倒な作業で、時間もかかり失敗もあります。

現在は、まず箱をバリバリと解体して広げ、イラスト部分を切り取ります。そして裏の厚紙部分をできるだけはぎ取り、元の箱に貼ってあった折り目を活かして本体にのりで貼ります。そこにラベルやバーコードを貼り、補強フィルムを貼って完成です。唯一の難点は、表紙イラストが表紙ではなく裏表紙にきてしまう点くらいです。ちょっとした手間で書架もスッキリ、利用者にも排架する人にもわかりやすく好評です。

この箱入りシリーズを丸はがし！

ケースに収められた本体には背にタイトルもないため、そのままでは排架できません。

①

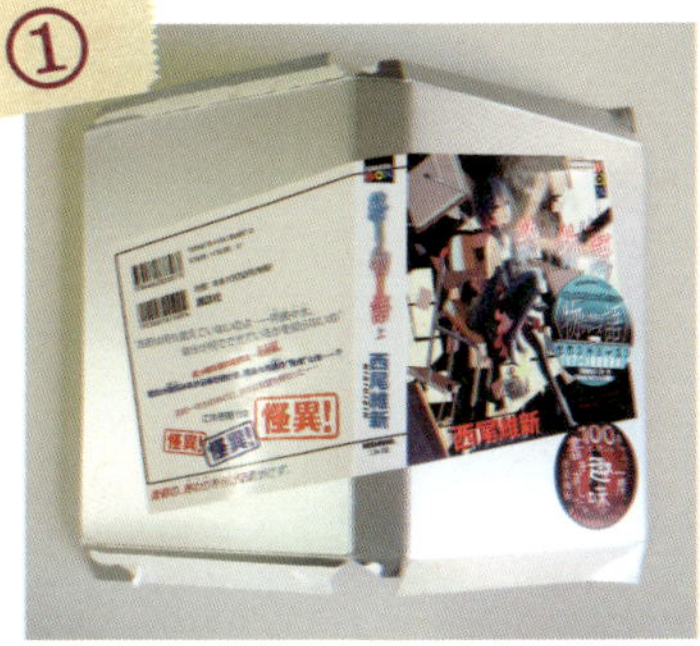

まずは箱を解体して広げます。

②

イラスト部分を丁寧に切り取ります。

③

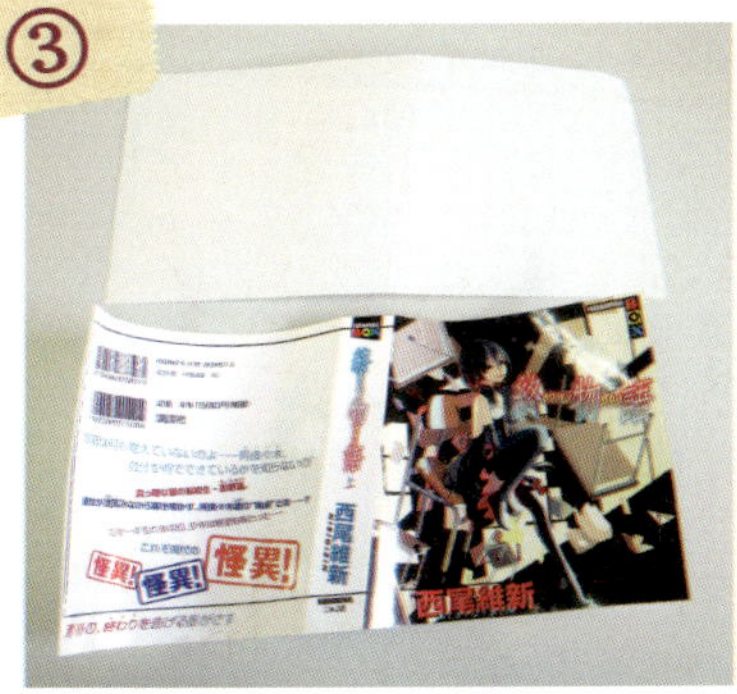

裏の厚紙をはがします。

出来上がり（裏表紙から見たところ）

本体に貼り、補強フィルムをかけて完成。

本の簡単修理

今回紹介する方法が正しいのか、実は不安です。あくまで一般ユースの本の修理法として、今回ご紹介します。

いたってシンプルに「木工用接着剤で接着」です。壊れ方で多いのはバカッとノドの部分が割れたり、割れた部分からページがとれたりすることだと思います。そんな時は、割れている部分に木工用接着剤を細くそっと絞り出してみましょう。そこにとれたページを差し込み、天と地を両手で持って小口を平らなところでトントンとそろえ、目玉クリップで背を固定して一日置くという流れです。とれたページの方に接着剤をつけて差し込むと、ページに接着剤をつけてしまう失敗をしかねませんのでご注意を。

作業には関係ないのですが重要な点を。本が壊れていることを教えてくれる利用者への対応です。私は「ありがとう、教えてくれて！そしてとれたページを無くさず持ってきてくれて」と伝えています。利用者は「自分が壊したのではないのに疑われるのではないか」と思いがちです。掲示や図書館だよりなどで「本が壊れたり破れていたら教えてください。修理します」と知らせるとよいかもしれません。

本の簡単修理

木工用接着剤は使用前にモミモミしてかき混ぜ、試し出しをしてから使いましょう。

①

木工用接着剤をそっと絞り出し、とれたページのカタマリを差し込みます。

②

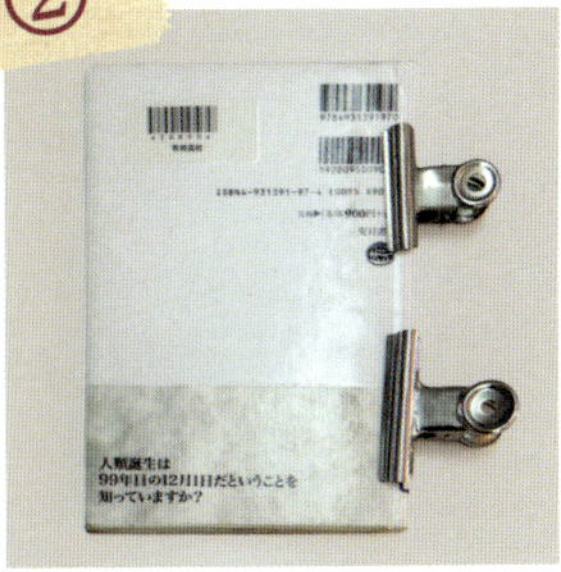

上下をそろえたら目玉クリップで固定。

本の治療も早期発見が肝心です。

コラム1

図書館からのよいお知らせ

本校が使用している図書管理ソフトは、予約連絡票も督促状も印刷できます。一般的には予約の連絡をもらうとうれしいだろうし、督促状だとしまった！と思うでしょう。そんな大きな違いのある両者が、パッと見てとても似ていたら……？

本校ではどちらもクラスの棚に入れておき、担任の先生から渡してもらいます（当然、書名などは見えないようにして）。両者が似ていると、先生が勘違いされ、予約の連絡を受けた生徒が本を返せと怒られたりするかもと思い、ちょっと工夫しました。

督促状に比べて、予約連絡票はまとめてたくさん作るということはありません。そこで、図書館管理ソフトを使ったものではなく、色上質紙を専用の用紙にしてある程度印刷しておき、手書きで書名や氏名を書いています。折り留めて渡しますから、見えるのは「図書館からのよいお知らせです！」だけです。サイズはＡ４の１／４ですが、再生紙ではなく色上質紙を使っているので、少しはプレミアム感も出してるつもりです。この折って留めるやり方も、これまでいろいろ試行錯誤してきましたが、今のところのベストは「ハリナックス（p.91 参照）」で左右を留める方法で、開けやすいようです。

手書きだと、ついでに「お待たせ！」とか「次の予約もあるので早く来てください！」などちょっとしたメッセージも書けますしね。

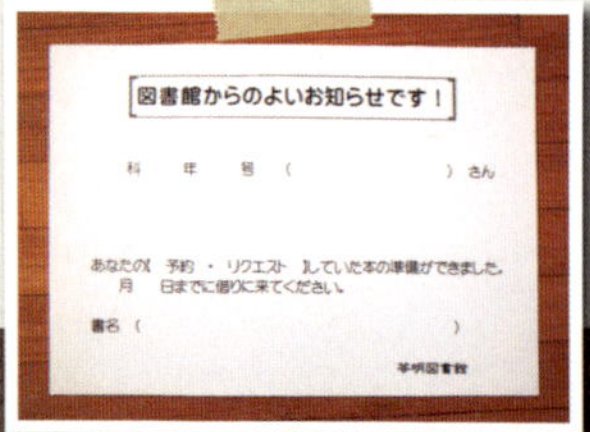

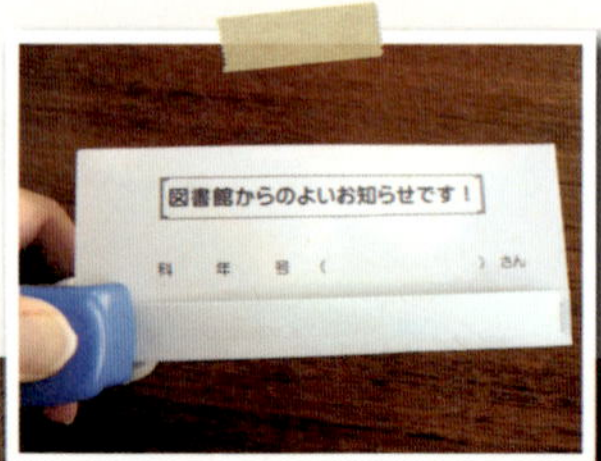

第２章
図書館を飾る

図書館を
飾る

知ってマスカ？

マステステッカー

マスキングテープで作るステッカーを紹介します。マスキングテープ（通称マステ）はもともと工業用に使われ、はがす前提のもののため粘着力が弱く、和紙製のため手でちぎれて……、というものでした。しかし近年は色柄も豊富で、雑貨として絶大な人気を誇っています。みなさんも、マステの一本や二本はお持ちでしょう。百円ショップにもありますし、ついつい買って在庫過多になってしまいがちです。そんな時にはマステでステッカーを作ってみましょう！

書架やガラス、壁や柱など、いろいろなものに貼ることができます。ご自分のファイルやバインダー、ＰＣに貼っても楽しいですね。作りたい形によって桜ならピンク系、落ち葉なら茶系、海なら青系というように色を統一しましょう。植物や動物の形もいいですが、文字のステッカーもステキです。

季節を問わずに飾りたいならば、万能選手の◯（円）を作りましょう。マステの配色をポップな色合いにしておくとオールシーズン使えます。パソコンの文書作成機能 Word の図形挿入機能を使えば、さまざまな大きさの円の型紙ができます。早くたくさんの円を切り出したい場合は「エヌティー円切りカッター（90ページ参照）」をお使いください。型紙いらずでドンドン切り出せます。

強度を増したい場合は、マステを敷き詰めて貼った上から本の補強フィルムを貼ります。すると、台紙からはがす際にバラけることがなくなります。色あせからも守ってくれますね。

このグッズ作製は剥離紙と補強フィルムを使うので、ほかではまねできない「図書館だからこそクラフト」といえます。使いそびれているマステも消費できて、きっと利用者にもほめられます！　ぜひチャレンジしてみてください。

ただし、マステがいかに弱粘着とはいえ、粘着剤が絶対に残らないとはいえません。ペンキなどを塗った壁や柱は、塗料がはがれる恐れがあるのでご注意ください。直射日光が当たる部分もおすすめできません。館内装飾の場合、ワンシーズンを目安に貼り替えをしましょう。図書委員さんにお願いしても喜んで作ってくれると思いますよ。

桜の形のステッカーを作る

①

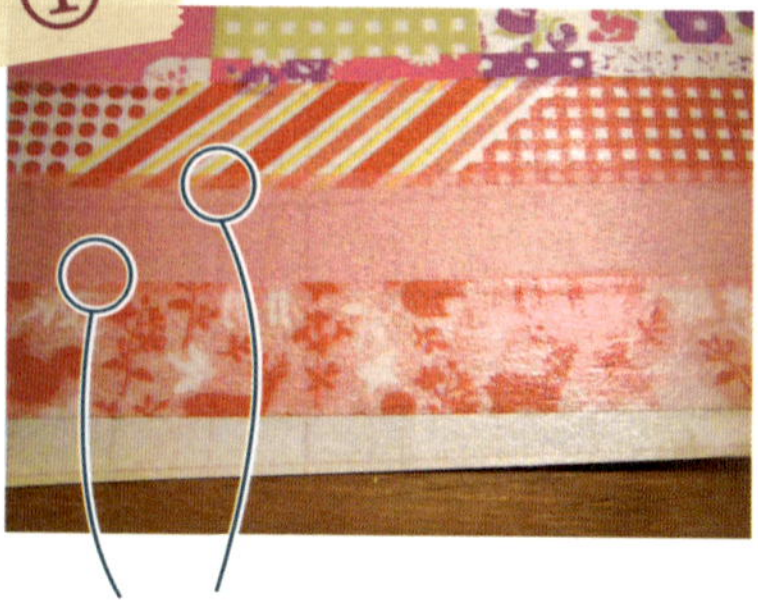

この部分を重ねて
貼りましょう。

本の補強フィルム（剥離紙側を使用）を準備します。マステを２、３mm重ねながら平行に貼っていきます。

この時、補強フィルムを上から貼ると強度が増します！

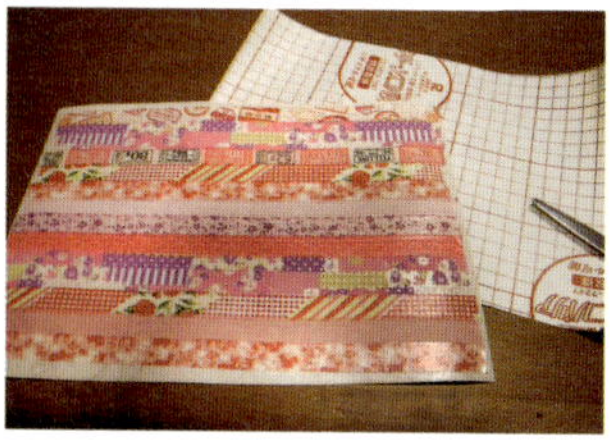

②

作りたい形（ここでは桜）の型紙を、余白を持たせて切り抜きます。

③

余白部分に針がくるように、型紙をホチキスでマステシートに留め付けます

④

型紙とマステシートを一緒に線に沿って切り抜くと、オリジナルなステッカーが完成します。

⑤

剥離紙からはがす際は、マステの重なりの下になっている方からはがしてくださいね！

⑥

マステシートの余った部分は、フリーハンドで花びらに切りましょう。

円形に切り抜くとまた違ったステッカーに。
アルファベットにしても素敵。

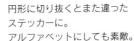

ウェルカム！ フラッグガーランド

フラッグガーランドとは旗（フラッグ）をつる状の飾り（ガーランド）にしたもので、近年室内飾りでよく使われるようになりました。素材も作り方もさまざまですが、色画用紙にマスキングテープを貼る方法がおすすめです。手作りだといろいろ融通が利かせられます。フラッグに穴をあけてひもを通したシンプルなものは、飾るスペースに合わせてフラッグの間隔を調整できますし、加除も簡単です。左ページの写真のようにジグザグに貼る場合はカーブごとに裏表を変える必要がありますが、これも手作りならではです。

とはいえ、百円ショップで買えるものもずいぶん増えてきました。まずは、このシンプルだけどポップなウェルカム感を体感されてはいかがでしょう。たたんで収納できるので、意外と場所もとりません。

収納は意外と省スペースですみます。

フラッグガーランド使用例

縦のスペースには
ジグザグに飾るの
もステキ！

飾る場所に
合わせて
調整できます。

基本の作り方

①

B5 の色画用紙をマスキングテープで飾ります。裏には切り取り線を印刷。

②

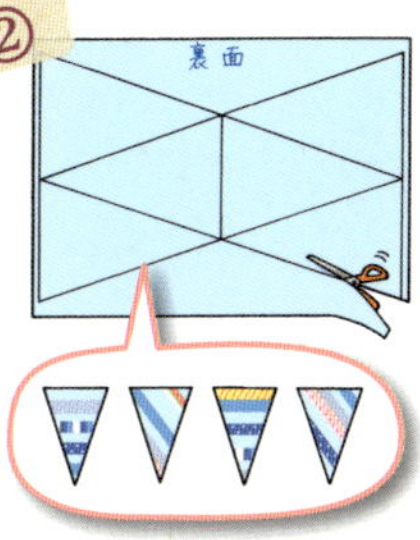

切り取り線に沿って cut!

③

ひもを通す穴は 3mm のパンチで。表側から位置を確認。

④

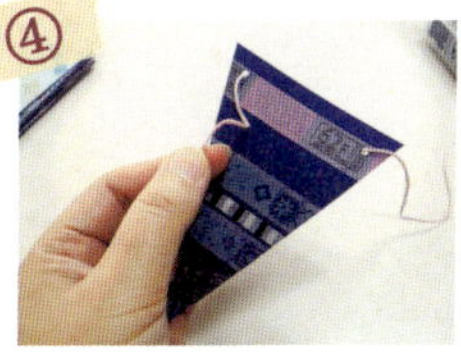

ひもを通してつなげます。

手ぬぐいがキテる

私がこの頃よく愛用している図書館装飾グッズは手ぬぐいです。百円ショップの手ぬぐいコーナーをぜひチェックしてください（特に夏がおすすめ）。和風、季節ものは当然として、洋風、コミカルなものなど、とてもたくさんの種類があります。これを窓辺や壁面の装飾に使わないテはありません。

現在私の勤務校の図書館は東西に窓があり、そこは廊下と外通路および渡り廊下に面しています。つまり外から館内が見える造りになっているのです。以前勤務した三校は外から見られることはほぼない立地でしたので、とにかく「いかに入りたくなる入り口にするか」が懸案でした。また、外から見えるといっても、館内をわざわざのぞく生徒はそういないと思い、つい目が行くように窓辺の装飾をすることにしました。窓辺の装飾は、外からも中からも見られてＯＫにした方がよいでしょう。その点、手ぬぐいは外向きにかけても裏に柄が透けて見えてぴったりです。とはいうものの、窓や壁に飾るには手ぬぐいとは別に道具がいります。これまで二年ほど試行錯誤しながらやってきた三案を紹介します。

A 市販のタペストリー棒を使う

プラスチックのパイプに切り込みが入っていて、上下を挟み込むものです。簡単に見栄えよく飾れます。

B 工作棒＋マグネットで手作り

直径2センチのマグネットが貼れる45センチほどの棒を四本準備し、平面部分にマグネットを貼ります。一組にだけ両端に穴をあけ、ひもを通してつり下げ、手ぬぐいの上下を挟んで飾ります。

C ミニ突っ張り棒や丸棒で代用

直径1センチ、長さ45センチほどの棒を二本準備します。手ぬぐいの上下を、棒が通せるくらいの幅で折り上げて縫います（縫わずにクリップやホチキスで留めたり、接着クロスでアイロン接着したりしてもいいでしょう）。

このほか、防火扉などの金属扉にマグネットで飾ったり、テーブルクロス代わりに机に敷いたりもできますよ。

手ぬぐいをつる方法

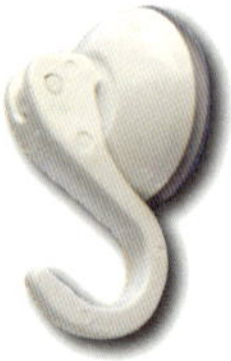

手ぬぐい自体は重いものではないのですが、耐荷重量が2kg以上でレバーを下げるタイプの吸盤フックがよいでしょう。

手ぬぐい専用のタペストリー棒。セット部分を爪切りで斜めにカットすると挟みやすくなります。

ミニ突っ張り棒と、アイロンで布をくっつける接着クロスを使ってみました。

マグネットで挟むタイプを自作。パーツはマグネットバーとしても使えます。

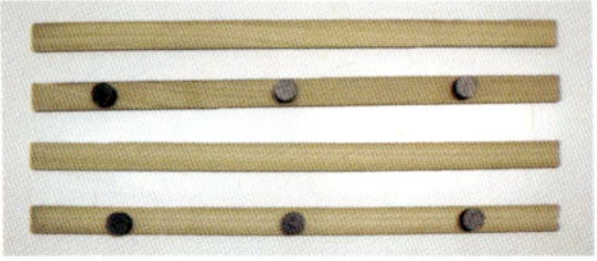

手ぬぐい使ってます

春夏シーズンは種類が豊富です。本格的な手ぬぐいは端の始末はしてありません。使い方に合わせて処理しましょう。

ミニテーブルクロスにもなります。

ハロウィーンやクリスマス柄もあります。木製のマグネットバーで貼っています。

小ふろしきのタペストリーも素敵です。

なんと使える
ガラス絵の具

ガラス絵の具をご存知ですか？　百円ショップで販売されていて、質感は色のついた木工用接着剤のようなものです。絵や文字を書くことができて、絞り出した液は不透明ですが、乾燥すると色鮮やかでクリアになります。乾いたら少し厚みがあり、平滑面にシールのように貼れます。作り方は

①下絵を準備します。文字の間隔を広く取り、クリアファイルなどに挟みます。動かさずに置いておける平らな台の上で、ファイルの上から下絵をなぞってください。

②書いてしばらくすると、気泡が見えることがあります。細い針金でそっと気泡をつぶしましょう。乾燥までに半日から丸一日はかかります（厚みによってはそれ以上）。乾くと透明で鮮やかになります。

③ガラス面にレイアウトして貼ります。視界を遮らないポップな掲示

左から下絵、なぞった直後、乾燥後です。

ができます。

「ジェルジェム」というガラスに貼るゼリー状のシールがあります。図書館入り口などに貼るとついさわりたくなるプニプニの質感で、図書館用品のカタログにも掲載されています。類似品が百円ショップにもあり、かわいらしくて季節に合ったものがありますが、モチーフデザインが多く、WELCOMEやLIBRARYなど、欲しい文字は自作するしかないのです。校名、館名などの漢字は難易度がぐっと上がりますが、大きく作ると迫力が出ます。

ガラス絵の具で作ったシールは耐久性抜群です。生徒の好奇心からのおさわり攻撃にも全く動じませんし、ベタつきや指紋汚れもありません。ゼリーシールに比べて少しはがしにくいですが、いたずらされにくいということがメリットといえます。注意点としては、貼る場所はガラス面または色移りしてもかまわないものにしてください。色移りはほぼないと思いますが、壁面には厳禁です。

羊毛フェルトなどの軽いモチーフならば、組み合わせてガラス面に貼ることもできます。「手作り？ どうやって作ったんですか？」と絶対に聞かれるグッズです。ぜひ挑戦してみてください。

ガラス絵の具の使い方

クリアな美しさと耐久性があるガラス絵の具は、窓や入り口のガラス面を飾るのにぴったりです。

①

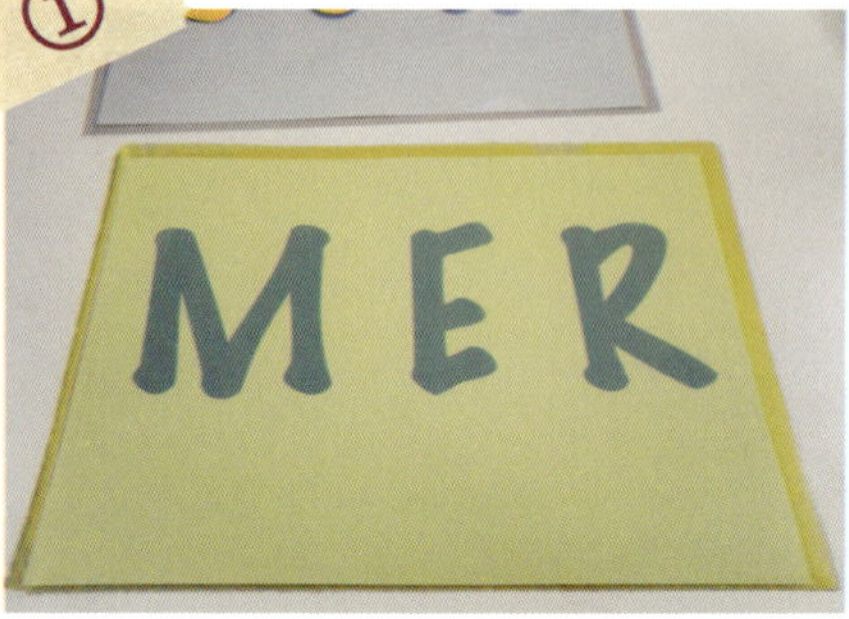

下絵をなぞります。
間隔は広めに

②

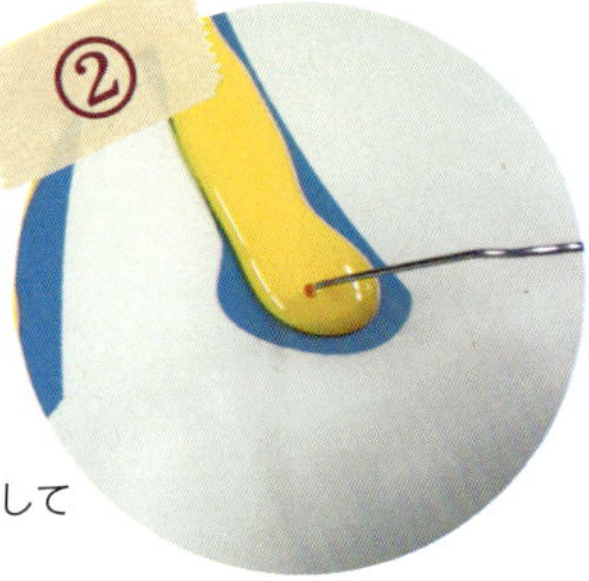

気泡はつぶしておきます。

③

ガラス面に貼ります。絵の具が残り少なくなったら、水玉を作って使い切りましょう。

応用編と保存法

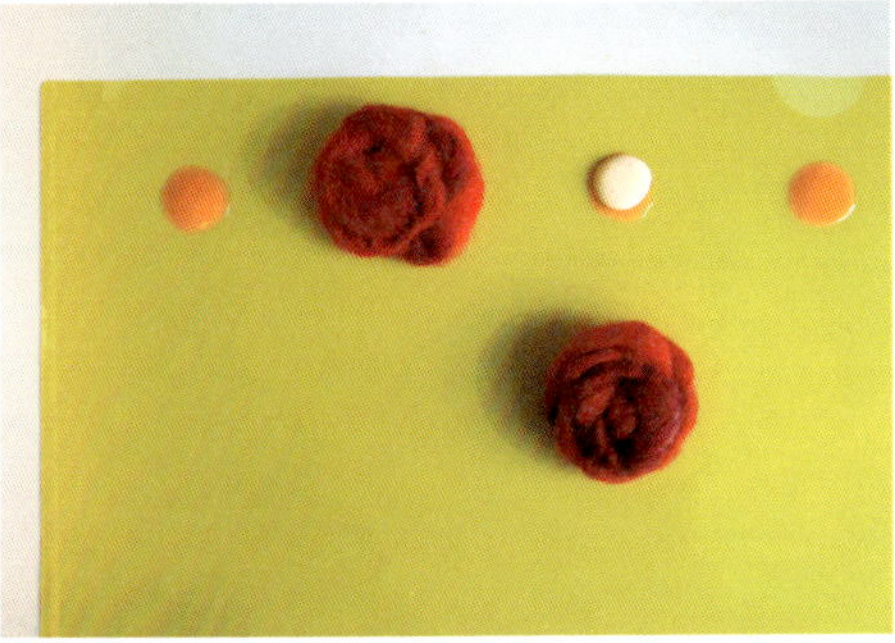

ゴージャスな入り口
になりました！

応用編

100円ショップで売られているフェルト用の羊毛を使って応用してみましょう。

ガラス絵の具で一度丸を作って乾燥させ、その上に再度絞り出して羊毛を載せ、もう一度乾燥させてください。絵の具のおかげで「貼ってはがせる」羊毛飾りができます。

時間のかかるクラフトです。週末に作業しておくと週明けに完成！

保存法

ガラス絵の具の耐久性は抜群。クリアファイルに挟んで次のシーズンまで保管できます。ただし、くっついたり重なったりしないようにご注意を。

マグネット活用テクニック

掲示物の貼り方について考えてみました。テープか押しピンを使うのが一般的かと思いますが、劣化したテープやさびた押しピンは本当にわびしさを感じさせます。そこでマグネットです。貼る場所は限られると思われるかもしれませんが、意外なところにくっつきます。スチール書架やドア、配線ケーブルのカバーや照明機器のカバー部分などです。照明機器のカバー部分にマグネットのフックをつけると、提灯やモビールを下げられます。特に提灯は電球を入れていないのに、中がちょっと光っているように見えて一石二鳥です。

マグネット活用で欠かせないのが、ブラック（ホワイト）ボードとネットディスプレイです。ブラックボードのデコレーションには市販のマグネットも使いますが、好きな絵柄が印刷できるマグネット紙も活用できます。プリンターで印刷した後、本の補強用のフィルムを貼っ

装飾に使いやすい円形のマグネット。

てから切り抜くと、絵柄の耐久性が増します。軽くて薄い素材だったらシール付きのマグネットピースも手軽です。造花の葉っぱや小さなＰＯＰなどは、この小さなピースを貼るだけです。

スノコ型木製掲示板は学校図書館界で大変有名でステキですが、回転ネットディスプレイもかなり使えます。三面や四面タイプがあり、フック付きのかごをつけると本の面出し展示もできます。金属製ですので、マグネットも使えます。網目状の部分に木製のピンチでＰＯＰを留められている方もおられますが、ぜひマグネットで貼ってみてください。とても簡単で手軽です。

この回転ネットディスプレイは場所も簡単に移動でき、目を引く割に圧迫感もなく、面ごとにミニコーナー展示もできて本当に優れものです。価格も一万円ほどからです。

予算のとれない学校でしたら、やはり頼れるのは百円ショップです。ネットパネルも各種ありますので、連結したり、スチール書架の側面に結束バンドで取り付けたりするとちょっとしたコーナーができます。

マグネットの収納におすすめなのが、おせんべいなどが入っていた缶です。中心部には平面なものを重ねて入れます。容器のふたと内側の側面には、立体的なものをびっしり貼りつけると管理しやすいですよ。

シール付きのマグネットピース。

マグネットは万能

照明器具のカバー部分にフック付きのマグネットを。必ず蛍光灯から離してつり下げましょう。

ネットディスプレイはおすすめです！

掲示用の磁石はこれ！　ネオジムマグネット。透明ですっきり、がっちり留まります。

手書きＰＯＰもしっかりホールドしてます。

ネットディスプレイにかごをつけると本の展示に最適。

ミニチョコレート包装紙のマグネットが本物っぽい。作り方は「手作りなら、思いのママ。」http://handmade.xsrv.jp/howto/category02/recipe_85/ にあります。

マグネット紙に印刷したもの。本の補強用フィルムのあまりで補強してあります。

軽いものならマグネットピースを裏に貼ってお手軽に壁面へ。

手間いらずで癒やしを演出

フェイクグリーン

簡単に図書館をグリーンでいっぱいにするにはどうしたらいいでしょう？　これまでの装飾は、季節感や楽しさを演出するものでしたが、ここでは日常的なリラックス効果とおしゃれ感を追求してみました。

もともと植物が好きで、館内の観葉植物のお世話なども大好きですが、どうしてもうまく育たないグリーンも出てきます。うまく育っても大きくなりすぎたり、だんだん下葉が落ちて不格好になったりします。

そこで、百円ショップのフェイクグリーンに注目しました。桜の枝、ひまわり、紅葉などの季節感のある造花は常備されている学校も多いと思いますが、葉っぱがメインの造花（花ではないのですが）を置いておられるところは少ないのではないでしょうか？　園芸好きの性分でしょうか、最近まで私は「作りもののグリーンなんて！」とフェイ

なかなか侮れない百円ショップのフェイクグリーン。

クグリーンを嫌っていました。しかし、この頃のフェイクグリーンの緻密さと種類の豊富さには目を見張るものがあります。そして断然、低価格になりました。百円ショップにもたくさん並んでいます。

二〇一六年の熊本地震の際、多くの学校で額や花瓶、植木鉢が落ちて難儀したという話を聞きました。その点、フェイクは水も土も必要としませんし、かごやプラスチックの容器を使えば落ちて割れる心配がありません。意外な利点でした。水も土もないので本のすぐそばに置けるのもメリットです。

グリーンには季節感は特になく、オールシーズン飾ることができますので、意識的に飾る場所を変えながらメンテナンスをしましょう。ちなみに、お手入れは月に一回程度ホコリを払うだけです。その際、器を変えたり葉っぱの組み合わせを変えたりするとリフレッシュできます。

「図書館の装飾は女子向けになり過ぎない」をモットーにしていますので、その点でも花ではなくグリーンの方がかわいらしくなり過ぎないと思います。主張し過ぎず控えめな感じで、リラックス空間を演出しましょう。そして、これまで目を背けていた「飾っていることになっていない半分枯れた鉢」の撤去に着手しましょう！

フェイク
グリーン
ギャラリー

垂れ下がるタイプは
書架の隙間に挿して
みたり、額に添えて
みたりできます。

主張し過ぎず、柔らかな印象になります。

本の下に敷いてスペシャル感を演出。

成形されているものは、
かごにそのまま入れたり
してお手軽に使えます。

ガーランドタイプは
ブックスタンドや時計
に巻いてみたり。

小枝タイプはそのまま
容器に挿してもよいで
すし、バラバラにして
寄せ植え風に。

手で引っ張るだけで簡単に分解できます。

コラム2

地震と図書館

2016年の熊本地震で被災した学校図書館について、各方面でいろいろな情報交換をしてきました。その中で、ＮＤＣに沿って並べていた書架の上段にあった重い本・大きい本が落ちた、ブックエンドも危ない、奥行きのある棚だけど本をアピールするため背を前面にそろえていたら落本した、表紙を面出ししていた棚だけ落ちたなど、これまで利用者のために良かれと思っていたことが、ことごとくひっくり返されました。

落本させないためには棚にぴっちり本を詰める方がいいという意見も出てきて、排架のセオリー、「棚には本をとりやすく戻しやすいよう、本の背が傷まないように余裕を持たせる」さえ揺らぎました。とはいえ、棚に本をぴっちり詰めるのは、本にも利用者のためにもならないと思います。使いやすく、安全な排架というものを今後は追求し、落としどころをさぐらないといけないなと思います。

今、言えることは、

＊高書架の上段には極力、本を並べない。
＊大きい本、重い本は高書架の上段には入れてはいけない。
＊書架の固定や連結などの耐震対策をする。
＊本が落ちても通路を確保できるレイアウトにする。

です。できる部分からコツコツとやっていきましょう。

第3章
来館者に喜びを

来館者に
喜びを

プレミアムなしおり

図書館のちょっとしたプレゼントの定番としてしおりがあります。しおりは「もらうと本が読みたくなる」優秀な販促（？）グッズです。文化祭などのイベントのスローガンや日時、読書に関する標語などをイラストと組み合わせて印刷したしおりも、大量生産できてよいと思います。でも時期やタイミングが過ぎた後に目にした時の残念な感じは、ちょっとつらいですよね。

そこで、簡単な作業で希少性と贈り物感のあるしおりを作ってみませんか？ マスキングテープ（以下マステ）、これを使うと、特にセンスが無くてもステキなしおりが作製できます。気に入って買ったマステを死蔵しておられませんか？ モッタイナイ！ どんどん使いましょう。とはいえ、しおりの素材や形状は、みなさんそれぞれこだわりやコスト面の問題もあると思います。私の場合は「色画用紙にマステやシールを両面貼ってラミネート」が基本です。B4サイズの画用紙をB6になるようにカットし、それを五等分すると一般的なしおりの大きさになります。ラミネートフィルムは、L版の写真サイズ用を縦半分に二等分するとピッタリ合います。ラミネート後に角を丸くカットしてくれる道具があると、とても便利です。

しおりを作ってと生徒に頼むと、最初は「センスないしムリムリ〜」と逃げられそうになります。ですがそこで「大丈夫、マステとシールの力を信じなさい。誰が作ってもそこそこイケる！」と励ましてください。一つ作ってみると意外と上手にでき、男子生徒も結構楽しんで作ってくれるようになるのです。

作り方に決まりはなく、マステを敷き詰めて貼ったり重ねたり、クロスさせたりと自由に組み合わせて貼り、メインやアクセントにシールを使うのが定番です。同じマステを使っても台紙の色や組み合わせで全然違ったものが出来上がります。

シールは、台紙に一面に貼ってあるシールシートや、フレークシールと呼ばれる一つひとつがバラバラのものも、百円ショップで入手できます。目印につける丸シールも、組み合わせ次第でかわいいドットになります。

そしてさらに、マステの柄によってはシールのように使うこともできます。補強フィルムの剥離紙側にマステを貼りつけて柄に沿って切り抜くと、マステ素材のシールの出来上がりです。これも図書館ならではのテクニックですね。

ただし、マステやシールを台紙に貼っただけのものを本に挟むことはおすすめしません。経年によりシールなどの粘着材がどう変化するかわからないからです。しおりで本のページが傷むという事態を避けるためと、堅牢できれいな状態を保つためにラミネート仕上げにしています。コストはかかりますが、ここは絶対に譲れないポイントです。

そしてこのしおり作りの隠れた効果ですが、切ったり貼ったり工夫する作業を楽しみ、小さな「作品」を完成させることがささやかな癒やしを与えてくれるのです。勝手な造語で「シールセラピー」と私は呼んでいます。シールを貼るって単純ですが、とても楽しいことですよ。自分用の渾身の一枚を作った後は、配布用の分を作ってもらうとよいと思います。ぜひ図書館のイベントなどで体験型コーナーとして、このしおりづくりを企画してください。

最後にひとこと。しおりにリボンって要りますか？　どうせすぐ外れるので、リボンなしのシンプルスタイルを私はおすすめします。

プレミアムなしおり作り方

①

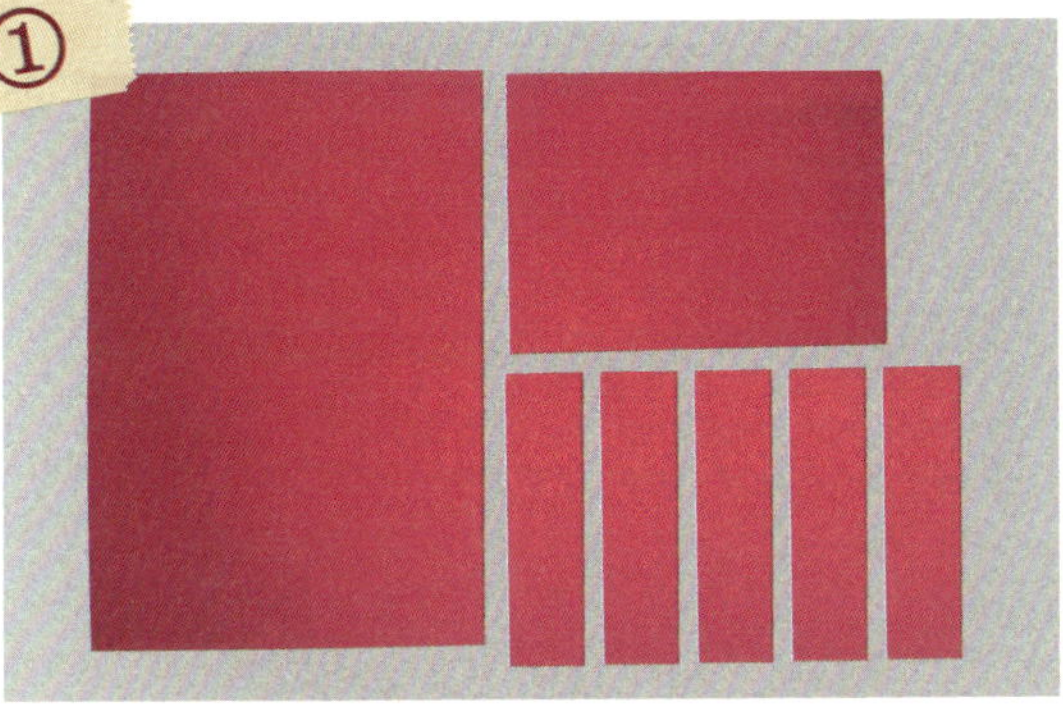

まずはＢ４サイズの色画用紙を４分の１にカットし、さらに５等分します。

②

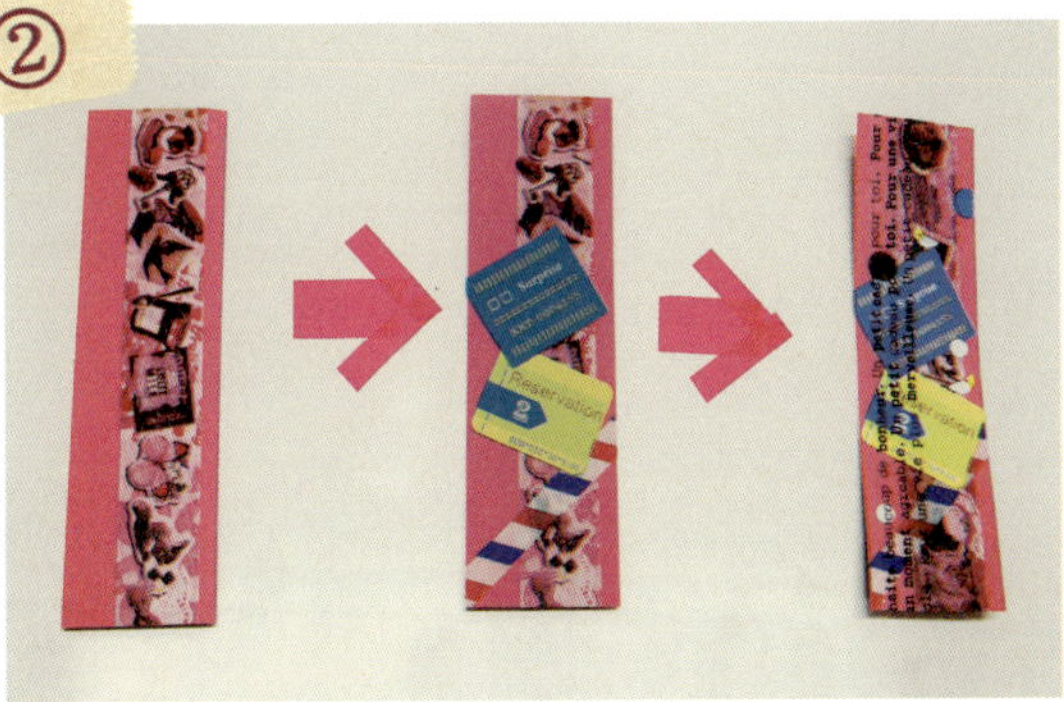

マステとシールを好きなように組み合わせてみましょう。

初めはしおりづくりをためらっていた生徒も、ハマると熱心に。こんなイベントも大盛況でした。

しおりに施すプレミアムな工夫

マステを剥離紙に貼り、切り抜いたりカットしたりしてシール化します。

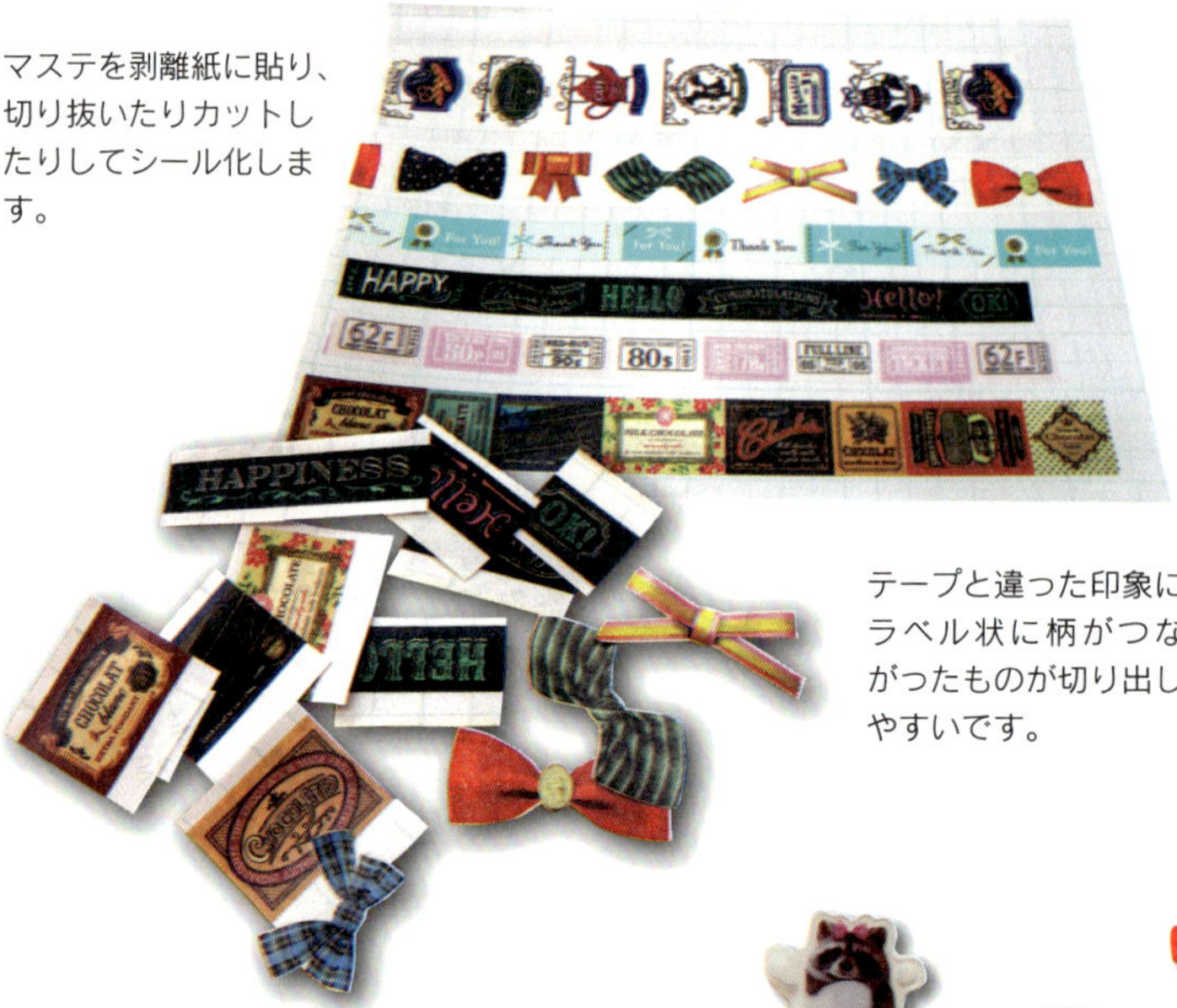

テープと違った印象に。ラベル状に柄がつながったものが切り出しやすいです。

シート状のシールがはがしやすいですが、フレークシールも配置を考えるには便利です。白い余白のないシールが台紙などになじみやすくおすすめです。

これさえあればおしゃれにしてくれる、万能テープ。

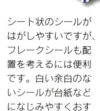

ラミネート仕上げ前の
状態で作ったしおりを
ためておくと、見出し
作製時の余白に使えて
無駄なし（p.11 参照）。

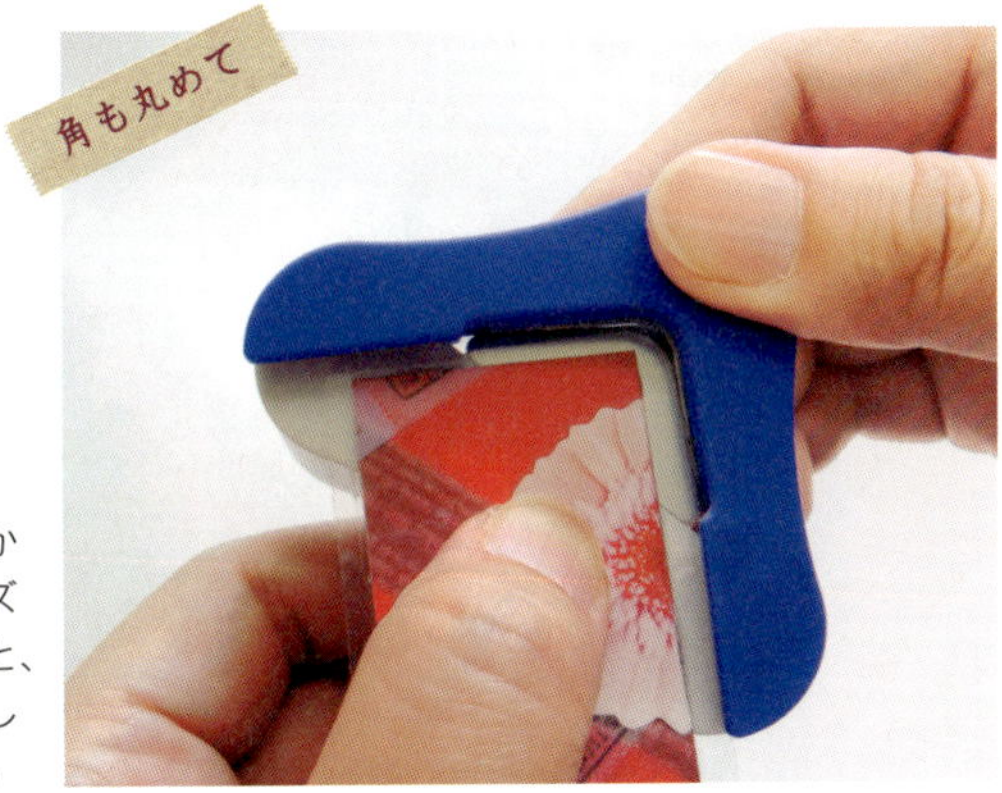

角を丸める加工は欠か
せません。専用グッズ
（p.88 参照）を使うと、
ハサミでやるより美し
くスピーディーです。

たくさんできました。
リボンなしでシンプルに。

紙製御守

今回は霊験あらたか！　紙製御守についてです。この紙製御守は、あまり来館してくれない生徒にもアピールでき、図書館の好感度を上げてくれるグッズです。紙を折る作業は本当に簡単ですので、「折り紙、苦手」と逃げ出す図書委員さんでも絶対大丈夫です。先輩方のためにと頑張ってくれるでしょう！

配布する対象生徒は中学三年、高校三年のいわゆる受験生限定にしないと生産量が追いつきません。三年生限定にすると「三年になったら私も絶対もらう！」という一、二年生の熱い思いも感じられて、継続していくモチベーションにもなります。

高校では校種によっては九月からの就職活動の時期に合わせた方が効果的だと思います。この手のものはタイミングが肝心ですので、各校でリサーチしてください。もし壊れたりちぎれたりしても、「あなたの代わりになってくれたのだから大丈夫だよ」と気にしないように伝えてあげてください。

折り紙を折って本体を作ることが一見大変そうに見えますが、実はラベルを印刷することが最大のネックです。プリンターの用紙サイズをユーザー定義でタックシールサイズに設定し、文字をレイアウトするなど、工夫して印刷してください。この下準備が整っていれば生徒だけでも十分完成させることができ、委員会活動としても楽しいものになると思います。ゴム印をオーダーされるのもよいかもしれませんし、手書きも素敵だと思います。材料も手順もすごく多いクラフトですが、生徒たちはとても喜んでくれます。ぜひ取り組んでみてください。

最後に大事なアドバイスをひとつ。「ご自由にお取りください」などのＰＯＰとともに配布コーナーを作られると思いますが、そのＰＯＰには必ず「効果には個人差があります」と書き添えてくださいね！

作り方

①

柄のある折り紙を長方形に二等分します。柄に向きがある場合は縦長になるように切ります。

千代紙だと御守らしくなりますし、ポップな柄もかわいいです。

②

①を折って御守の形にします。

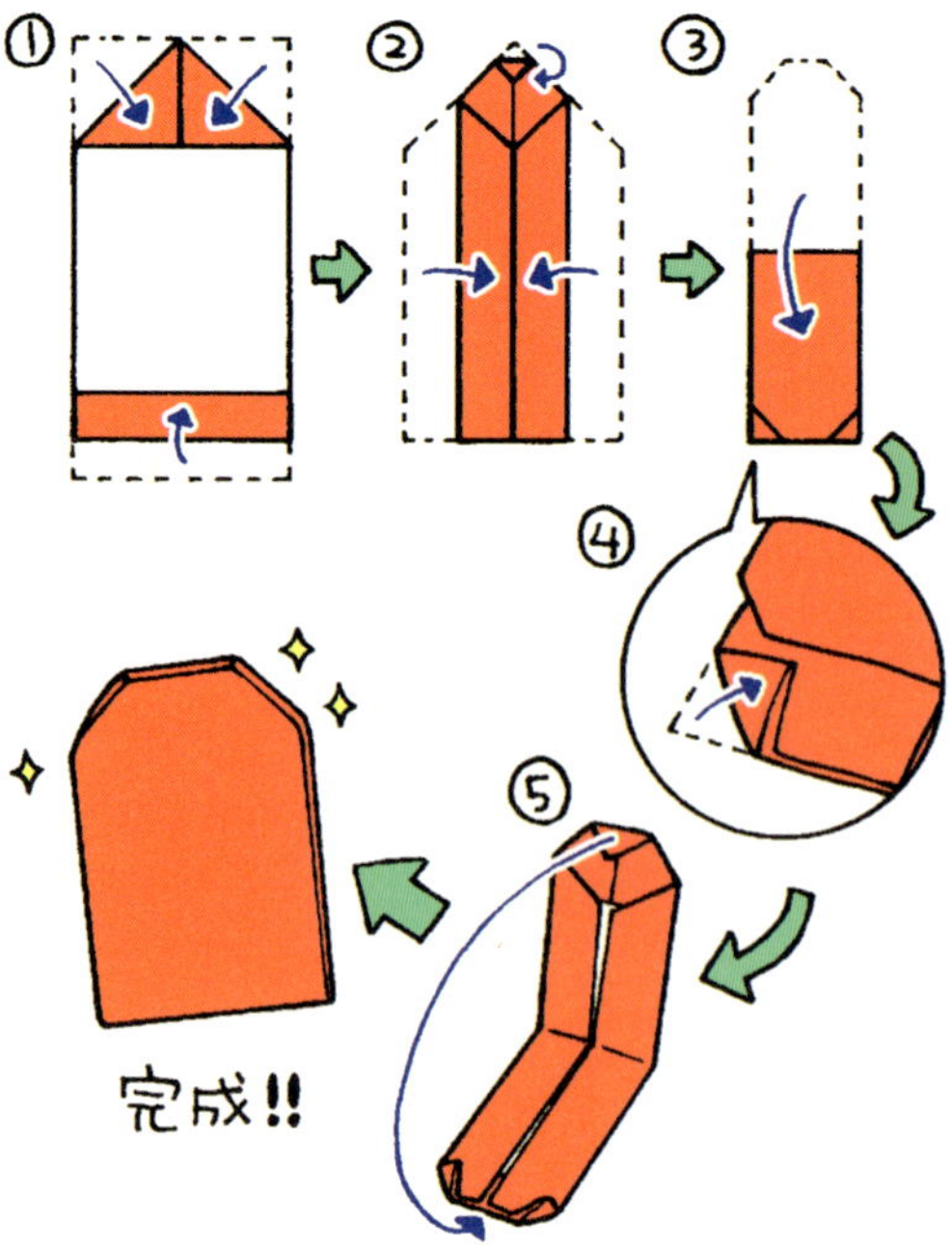

〈参考〉
「手作りなら、思いのママ。」
http://handmade.xsrv.jp/howto/category05/recipe_197/

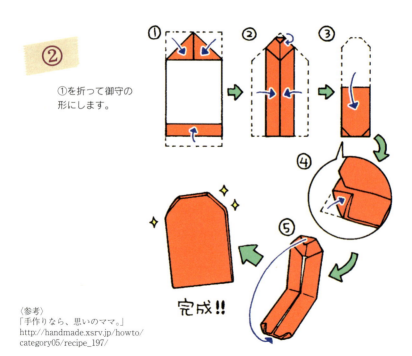

③

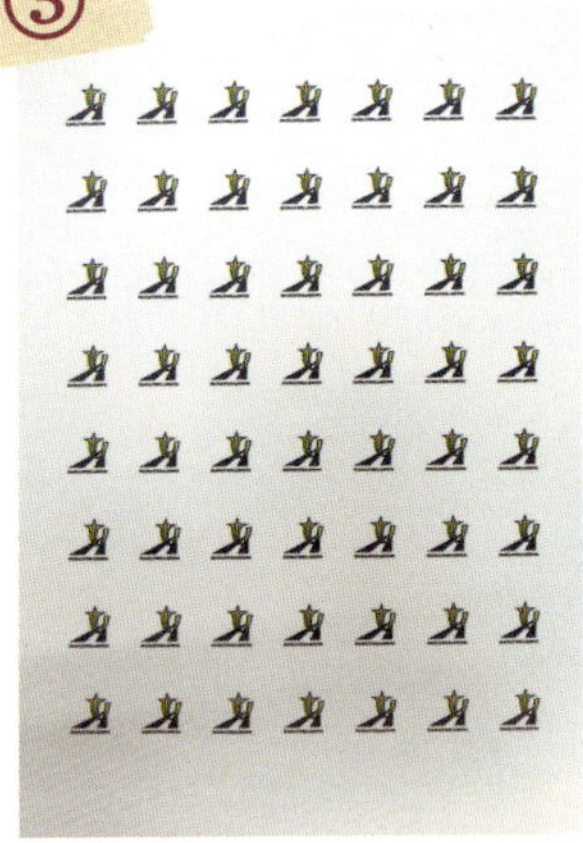

御守の中身を作ります。
学校の校章などがよいと思います。
厚紙に印刷して2×3cmくらいにカットしておきます。

④

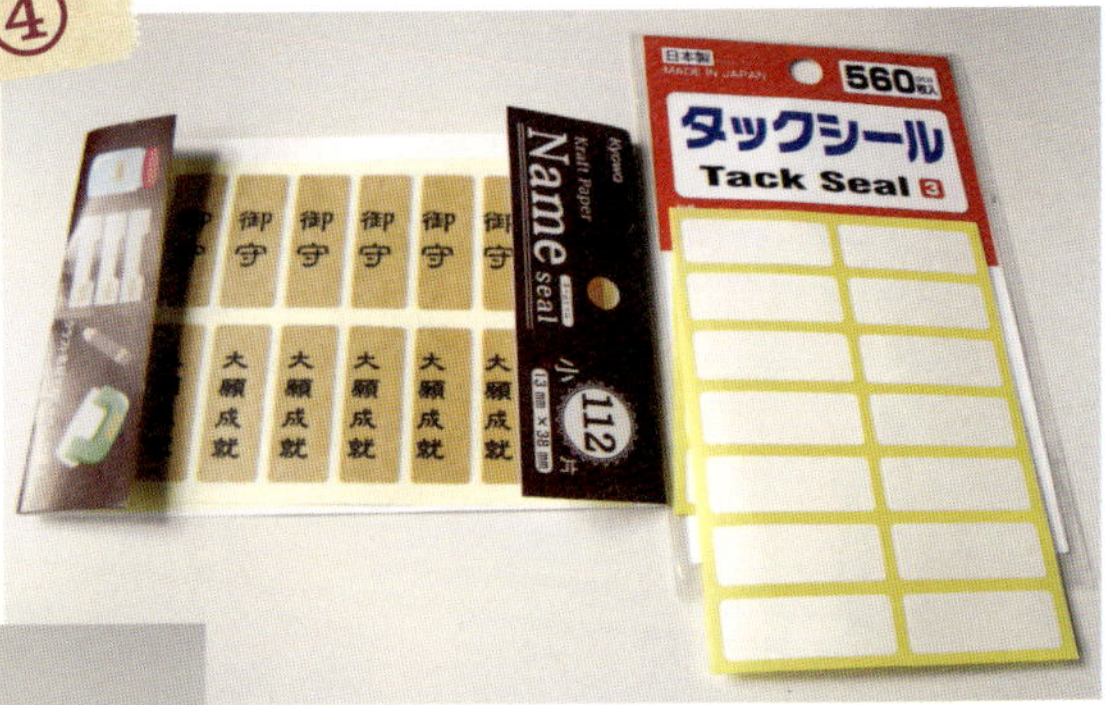

御守の表に貼るラベルを作ります。シンプルに「御守」や「大願成就」などがおすすめです。100円ショップのタックシールを使い、プリンターで印刷してみましょう。

左はオーダーしたゴム印です。
消しゴムハンコが得意な方は、手作りでオリジナルラベルを作ってはどうでしょう？

折り紙の表にラベルを貼り、中身を入れます。折り込む部分から下２cmまでスティックのりをつけ、折り込みながら貼り付けます。

一つ穴パンチで穴をあけ、穴の表裏両方にパンチ穴補強のシール（下）を貼ります。

または、コストと手間はかかりますが、片面ハトメや両面ハトメで処理するとより高級感が出ると思います。
補強シールだとしおり感、（左）ハトメだと高級感（右）が漂います。

⑦

細いひもを30cmくらいに切り、輪になるよう結び、穴に通せば完成です。

毎年大人気の御守

効果には個人差があります。

ついやりたくなる ビブリオマンシー

ビブリオマンシーをご存知ですか？　書物占いともいわれ、思いを込めて本を開き、そこにある短文やメッセージを読む占いで、専用の本もあります。

ちょっと難しい言い回しだったり、漠然とした言葉だったりしますが、それが「お告げ」感を高めています。ささやかですが、これが非常に重要なコミュニケーションツール。カウンター付近に置いておき、利用者が手に取ったらチャンスです。めくると短い文が書かれている一見謎の本でしかないので、ビブリオマンシーについて説明したり、難しい言葉を教えたり、ポジティブ方向に解釈したりと自然に会話が成立します。するとしめたもの、この占いをするために立ち寄ったり、友人同士で代わりばんこに引いたりしてくれるようになります。シャイな利用者も、自然と司書とコミュニケートしてくれるのです。

ビブリオマンシーの利用法

聖書を使った書物占いから発生したビブリオマンシー。そのための書籍が、いろいろ出版されています。

「魔法の杖」シリーズはソニー・マガジンズのものは絶版。ほかにヴィレッジブックスより刊行。『猫の魔法』は光文社、『青い鳥の本』はパイ インターナショナル刊。

カウンター前方に配置し、手に取った利用者とのコミュニケーションの糸口にしています。

〈応用編〉おみくじ

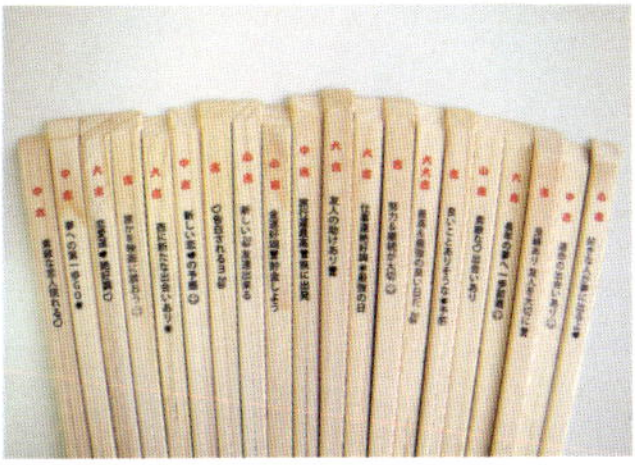

中身はこんな感じ。

1月限定で市販のおみくじ箱も設置しています。補強フィルムで強度アップ！1月限定なのは季節感と消耗を防ぐためです。他愛もないのですが、生徒はこんなことが大好きなのです。

七夕

星に願いを

ＳＮＳがこんなに発達しても、みんな短冊に願いを書くのが大好きです。実は私、笹の葉が散らかったり、枯れたりするのであまり好きではないのですが、みんなが喜ぶので毎年頑張っています。まず笹を簡単に立てられるようにパラソル台を使います。学校にのぼり用の台があるなら借りてもよいでしょう。

準備物で大事なのはこよりです。短冊は折り紙や色上質紙を細長く切れば代用できますが、こよりは細ひもで代用しようとすると嫌がられます（短冊に通しにくいので）。

願い事を書くのが好きな高校生は、ほかの子の願い事を見るのも大好きです。最初は書く気がなくても眺めているうちに触発されて書きたくなるというループです。人権意識に欠けるまずい短冊はないかと目を凝らしますが、毎年みんな素朴で健やかな願いばかりです。

利用者参加の七夕

毎年の笹の様子です。
飾りはなく願い事だらけ。

ブラックボードで呼びかけます。

短冊を笹に結ぶには、こよりが一番。市販品を使っていますが、半紙で自作しても。

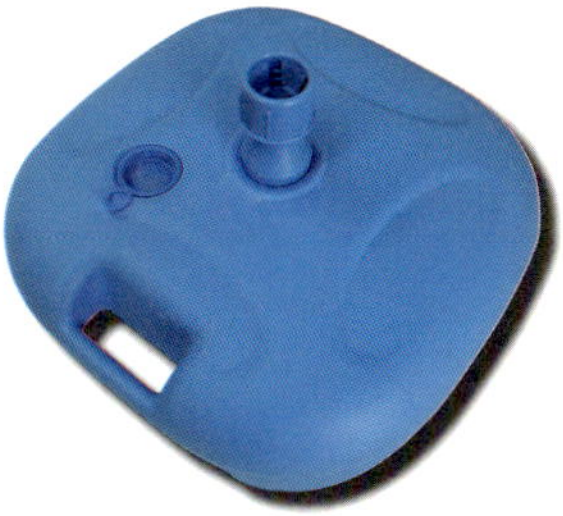

笹は、水を入れて重しにするパラソル台で立てます。安定感抜群！

短冊の穴もこよりに合わせて小さめにあけてます。
右は回転式穴あけパンチ（p.90 参照）。

読んでみようリストを作る

読んでみようリストって何？　と思われますよね。これは前任校で行っていた取り組みで、LibraryNAVIとパスファインダーとブックトークをごちゃ混ぜにしたリーフレットのことです。各テーマに沿った自館に所蔵のある入門書、関連書、本格的な本などを十冊ピックアップして、書影と簡単な書誌と内容、分類番号まで載せた三つ折りのものです。こだわりはカラー印刷でちょっとよい用紙を使うことでした。

※LibraryNAVI　神奈川県の学校図書館員研究会が考案したリーフレット。詳細はHP（http://librarynavi.seesaa.net/）参照。

学校司書にとって、利用者は割とダイレクトにニーズや要望を伝えてくれる存在です。ですが、自分の進路のことを考えたり、小論文対策で資料を探していたりすると、「〇〇の本はどこですか？」と非常にざっくり聞いてきます。その都度、会話で真のニーズをリサーチして対応しますが、いかんせん学校司書は一人ですので一人しか対応できません。けれども、このリストがあれば順番に話をしながら、待ってもらっている間に「これ見ておいて」と言って渡せるので便利です。司書は館内の蔵書に誰よりも精通しています。そのテーマだったらマンガのおすすめがあるし、この分類の本も押さえてほしいとわかります。そして、よりニーズに近い新着本の入荷も把握しているのです。このリーフレットは、利用者にピンポイントでブックトークをしているともいえます。

私は一市民として公共図書館を利用しますが、挨拶と書庫の本を出してもらう時以外はむやみに話しかけたりしません。でも展示コーナーや掲示、新着本は参考にするためにじっくりと見ます。そこに自分でも意識してなかったニーズを発見したりします。生徒にとっても、この読んでみようリストが、利用者のニーズを掘り起こしてくれていたと思いたいです。

いろいろな本が図書館にはありますが、それが十全に活用されていると断言できる司書はそういないと思います。図書館使ってー、いい本あるよーという司書の魂の叫びを込めて作ってみませんか？一枚目を作るのは大変です。でも次々とやるうちにどんどん楽になります。十冊がすぐ埋まるテーマもあればそろわないことも。自館の蔵書の検証にもなりますよ。

読んでみようリスト

入り口入ってすぐの柱周りの裏側に配置していました。

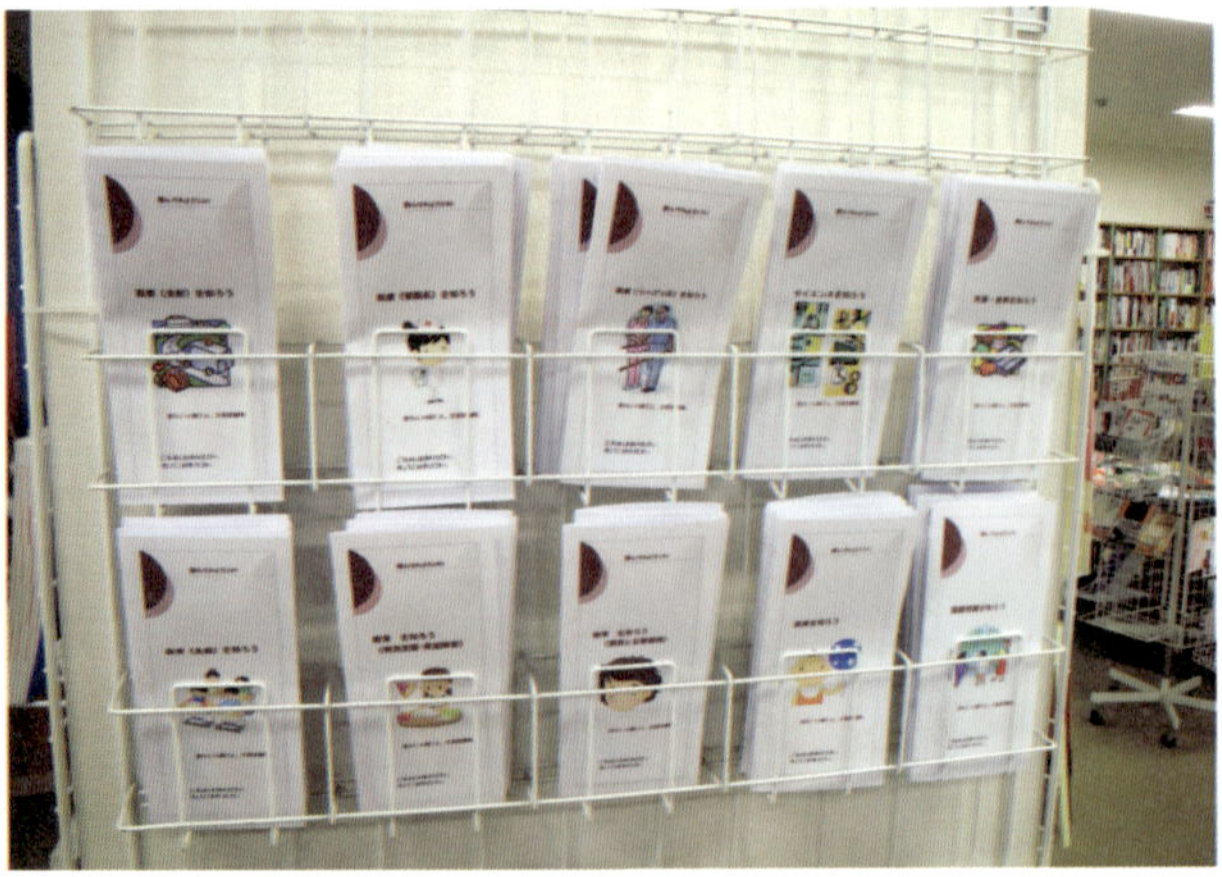

減ったら数枚ずつ印刷し補充するやり方で、意外と手間いらず。

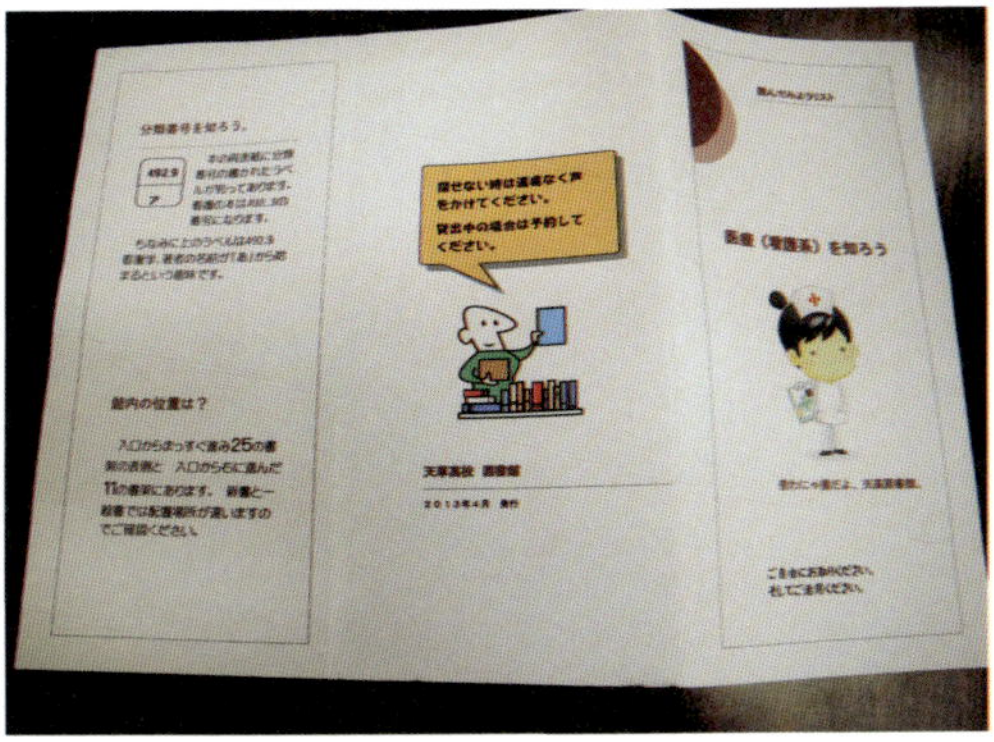

＜外面＞

外側はほとんどが定型で、部分部分を変えていました。

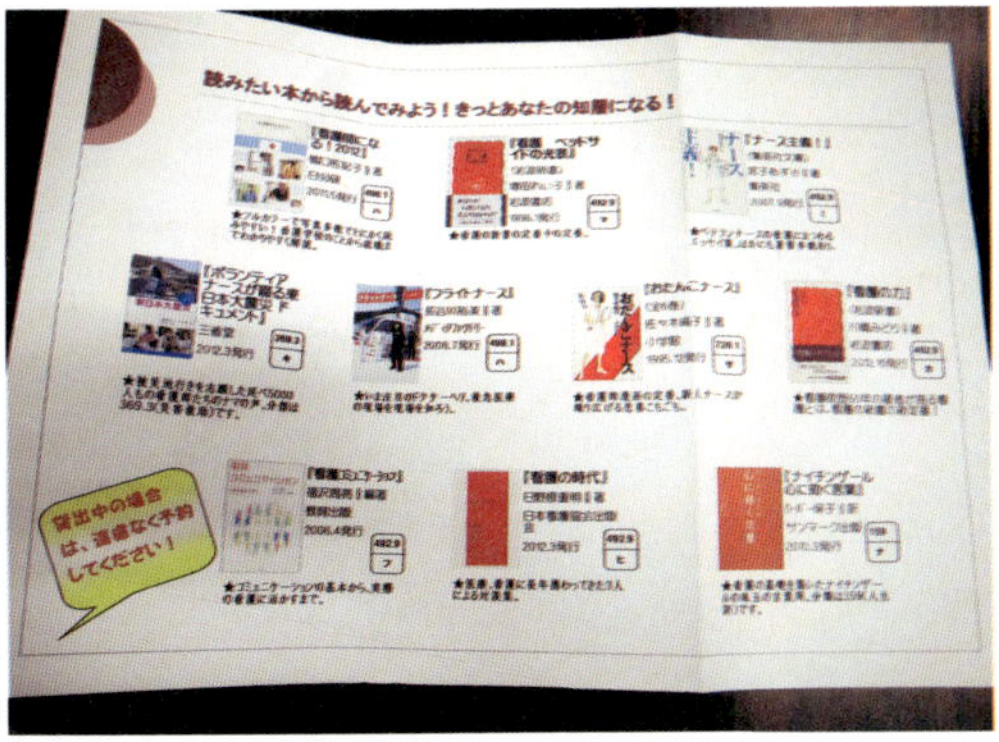

＜中面＞

2013年に作成したものなので、本のセレクトがちょっと古いですね。

テーマのご紹介

医療（全般）、医療（看護系）、医療（リハビリ）、サイエンス、栄養・食育、教育（全般）、教育（特別支援・発達障害）、教育（貧困・自尊感情）、保育、国際問題、環境・農学、源氏物語……。

コラム3

POPが苦手なら別のテで

その本に関連するようなイラストとキャッチコピー、あらすじなどを手書きで書き込むＰＯＰ作成がとても苦手です。図書委員会活動として取り組んでおられる学校もたくさんあって、力作に感動したりするのですが。

なぜ苦手なのでしょう。理由その１、イラストが描けないから。その２、その本が借りられたらＰＯＰだけが残り、よくわからない空間になるから。

書店では「１枚のＰＯＰの効果でベストセラーが！」なんてことが起こったりしますが、図書館では基本１冊しか購入しません。せいぜい貸し出された本の代わりに書影を印刷して、「貸出中です、予約してね！」と書き添えておくのが精一杯です。「せっかく書いたのに貸し出されないのもツライ」＋「借りられたら寂しい空間になる」ので、１冊ごとのＰＯＰは私は書かないことにしています。「ＰＯＰ」ってそこで働く人になりかわって商品を紹介し続けてくれる存在で、重要性は重々承知です。ですから、その本個別のＰＯＰの代わりに、ブラックボードやコーナー展示の紹介などを下手くそなりに頑張ろうと思っています。本書では試行錯誤ぶりをいろいろと紹介していますので、どうかご笑覧ください。

付録
愛用のイッピン

愛用のイッピン

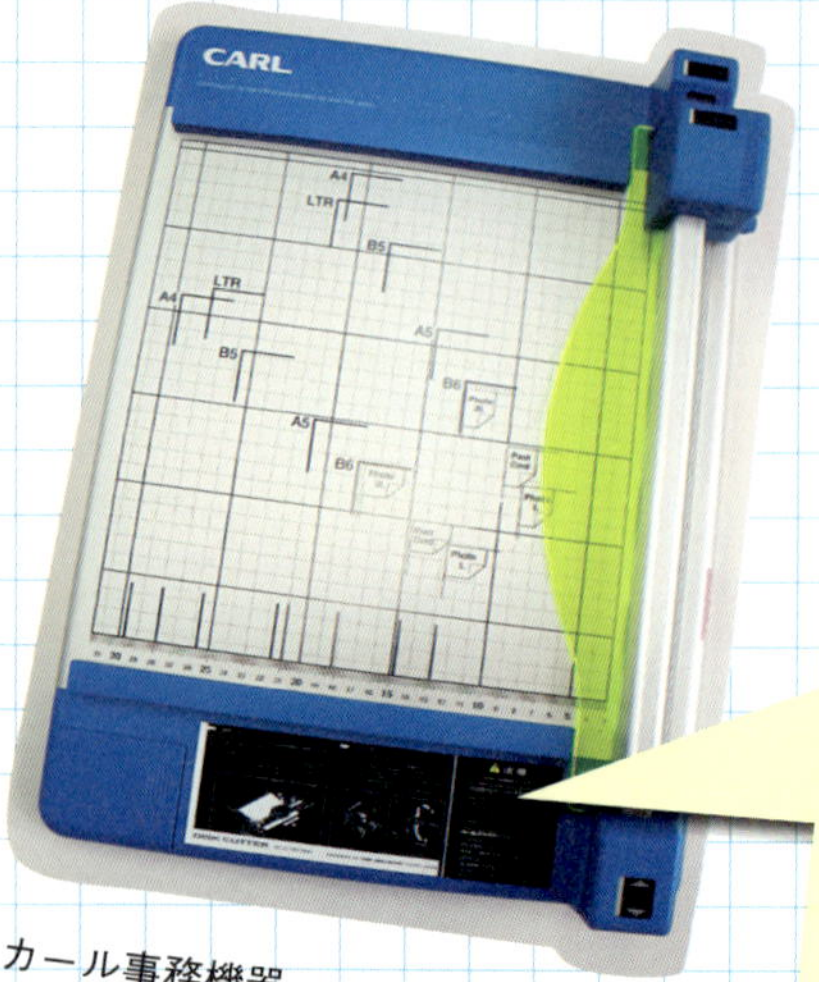

カール事務機器
ディスクカッター　DC-210N
(現在はデザインが変わっています)

用紙をまとめて切るカッター

これがないと見出しは作れません。しおりも、御守も……。40枚以上対応のロック機能付きが割高ですが絶対におすすめです。ギロチン式の裁断機に恐怖心のある方も回転刃ですので怖くありません。作業効率がとてつもなく上がりますよ。

角を丸めるカッター

見出しの角を丸めたり、しおりの仕上げに使ったりとこちらも欠かせない道具です。各社から類似の商品も出ていますので、お好きなものをどうぞ。

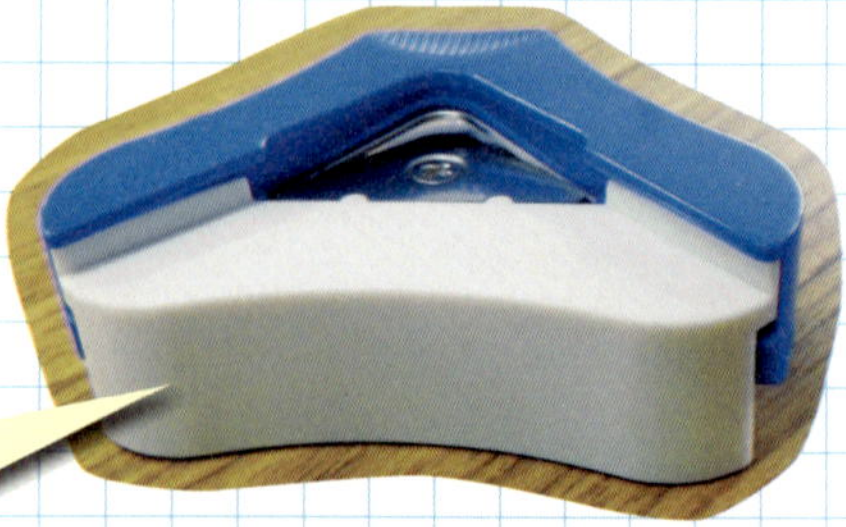

サンスター文具　かどまる３

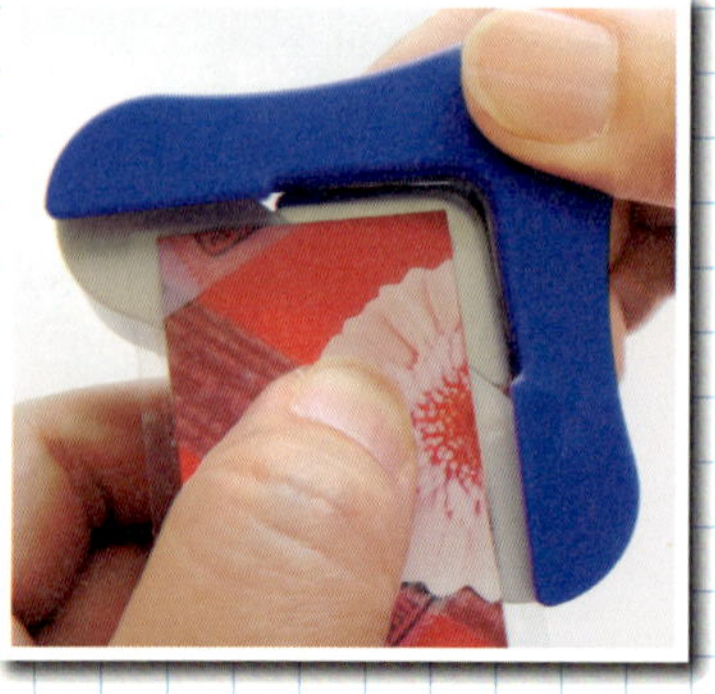

(使用例はP.71参照)

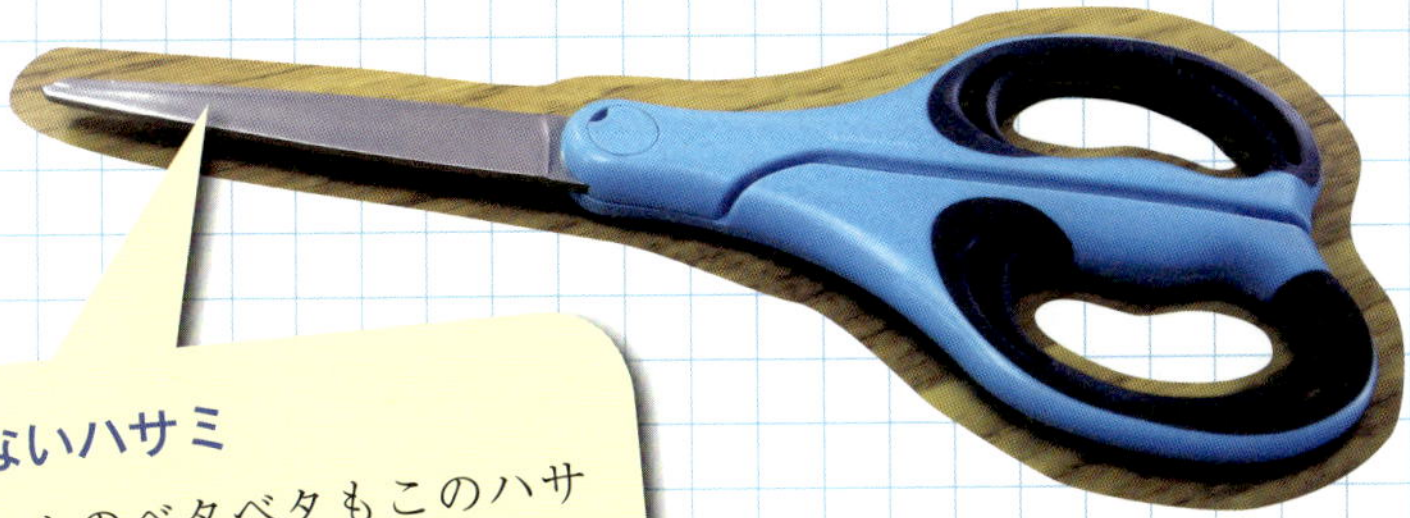

べたつかないハサミ

補強フィルムのベタベタもこのハサミがあれば問題なし。軽やかに切れます！ とはいえ時々はシールはがし液などでお手入れください。丈夫なハサミではありませんので、段ボールなどの堅いものは切らないようにしてください。

コクヨエアロフィットサクサ
グルーレスタイプ

刃先の形自体がのりを残しにくくなっています。

ロールタイプのメモ用紙

ふせん紙ののりがついたロールタイプのメモ紙です。マスキングテープと違って普通に書き込みできて、ふせんのように貼れますが、ふせんのように簡単にははがれません。後付けの帯として活用できます。「○年本屋大賞○位」「映画原作」などと書いて貼っておくと後々便利だったりします。

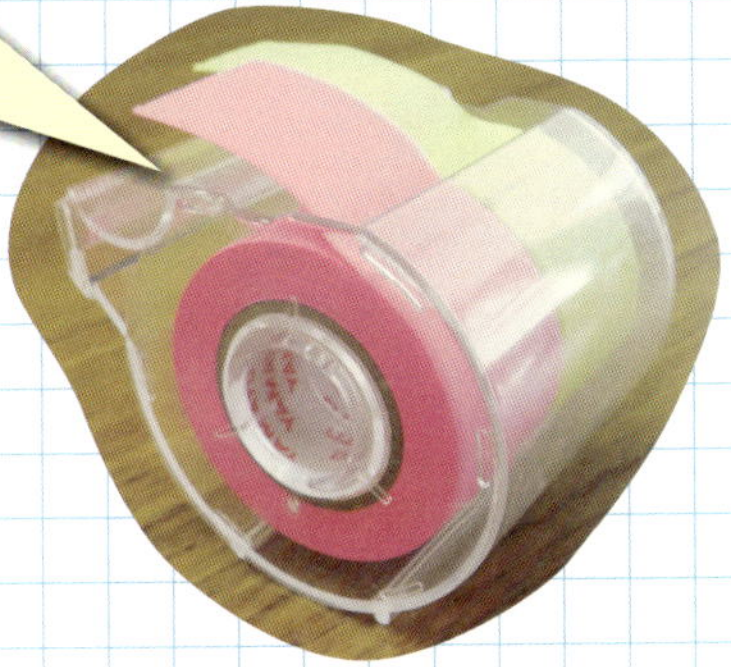

ヤマト
メモックロールテープ　25mm 幅

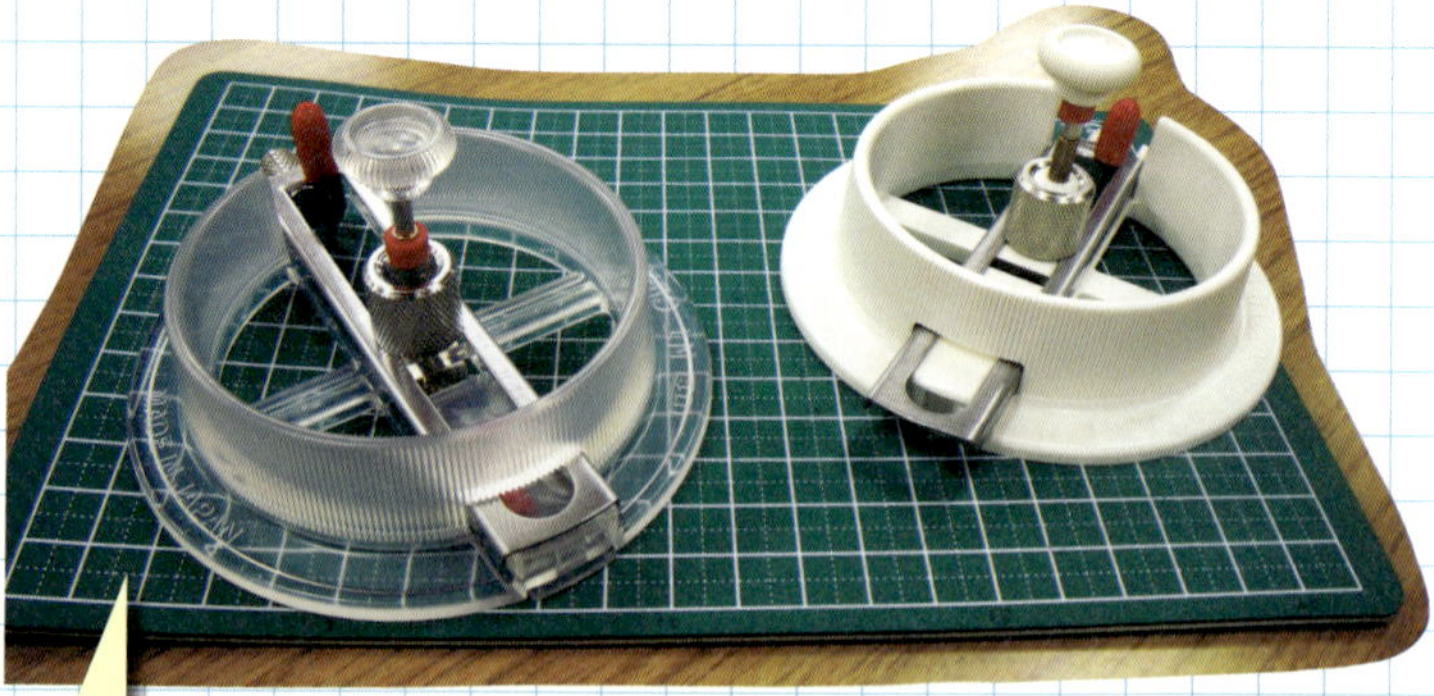

エヌティー　円切りカッター　C-1500P　Ic-1500P

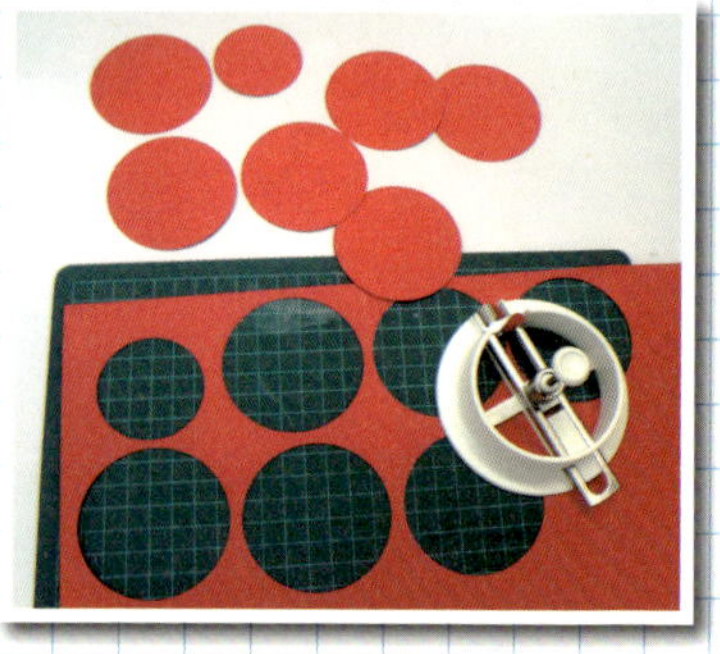

円切りカッター

直径 1.8 ～ 17cm の円を針穴なしで切り出せるカッターです。プラスチックの輪の部分をグッと力を込めて回し、切り出します。ちょっと練習が必要ですが、慣れると楽すぎて笑いが出ます。カッターの枠が半透明のものだと紙の場所が確認できるので便利です。

使用時は必ずカッターマットの上で。

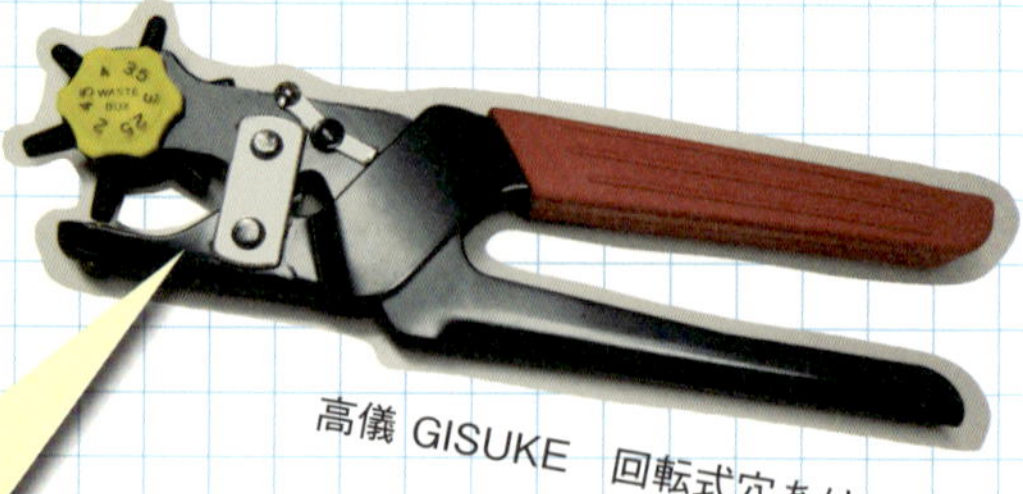

高儀 GISUKE　回転式穴あけパンチ

回転式穴あけパンチ

こんなの何に使うの？と思われるでしょう。よく「目打ちで穴をあけましょう」と工作の本で書かれていますが、きれいな穴があかなかったり破れたりしたことありませんか？　これは 3mm 厚のボール紙だってきれいに穴があけられます。手芸用品店で、皮のベルトの穴あけ用として販売されていることが多いです。

針なしのステープラー

ガッチリ留めるのが目的ではない商品ですので、督促状や予約連絡票の仮留めにピッタリです。一度開くと再度留められないので、配る人を疑ってるわけではないのですが、盗み見抑止効果も！？

コクヨ　ハリナックスプレス
SLN-MPH105B

リクエストの本が届いたという連絡票は、書名がわからないようにこれで留めます。

つぶし玉（カシメ玉）

金属製の小さなビーズのようなもので、ビーズの細工をする人ならご存知でしょう。モビールなどテグスでモチーフをつなぐときに使います。テグスって結んでもすぐほどけたりします。何度も結んだり接着剤をつけたりするより、コレとペンチでガッチリ留めちゃいましょう。

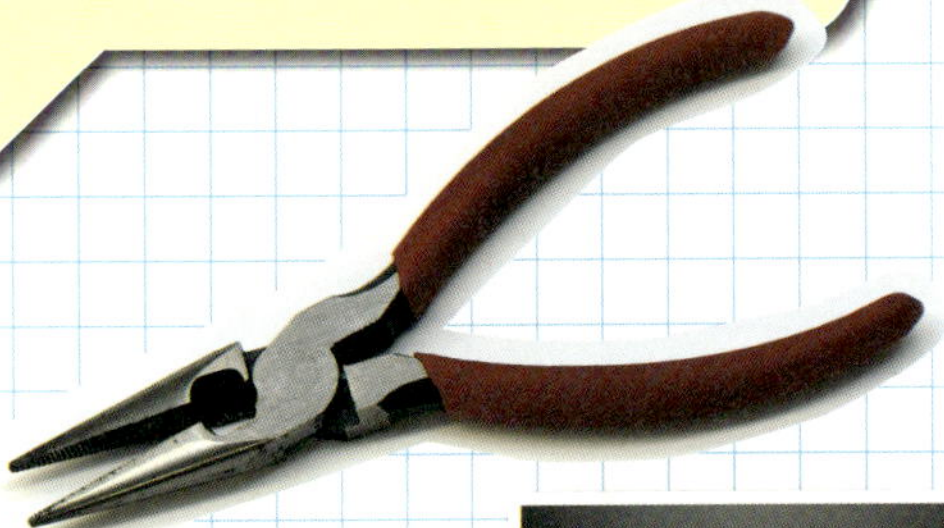

ペンチはラジオペンチが使いやすいです。

マグネットにマステを巻けばグルーガンで接着しやすくなります。

グルーガン

デコボコしたもの、両面テープでは留まらないものの接着に使います。でも、がっちり留まっているように見えて、そこまで強度はありません。マグネットと接着するにはマグネット側にマステを巻いてデコボコ面を増やしてやると、取れにくいです。高価なものもありますが、私は100円ショップで買いました。

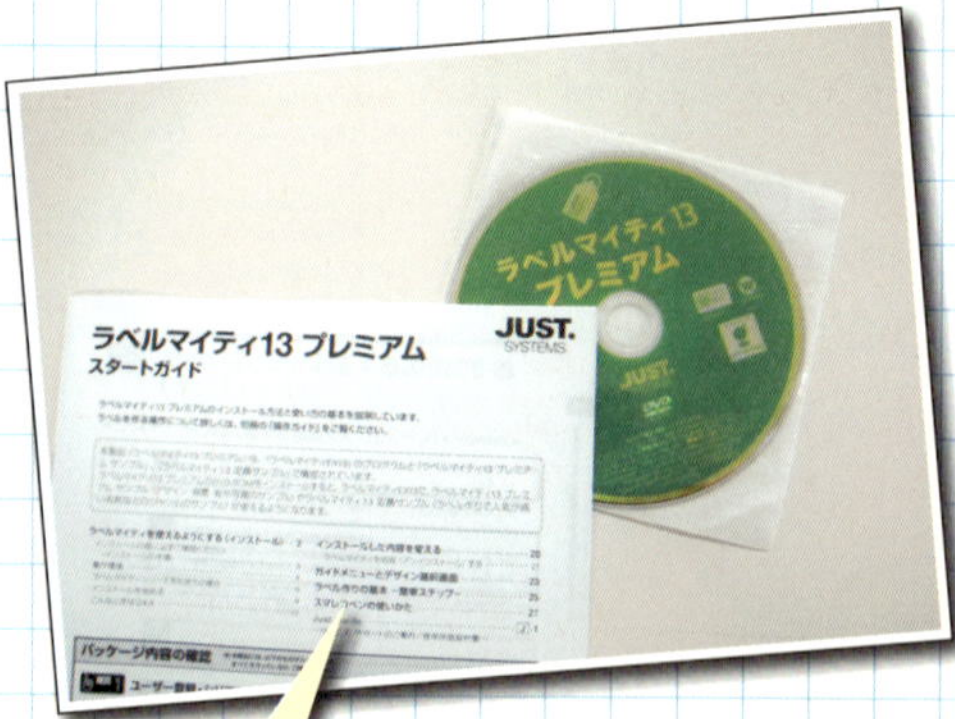

JUST.SYSTEMS ラベルマイティ
最新バージョンは17（2017年2月現在）。

プリント作成ソフト

ポスター、チラシを作るだけでなく、御守のラベルや中身の印刷、スケルトンなサイン、見出しも実はラベルマイティ（ジャストシステム）で作ってます。何かと便利で、欠かせないソフトです。

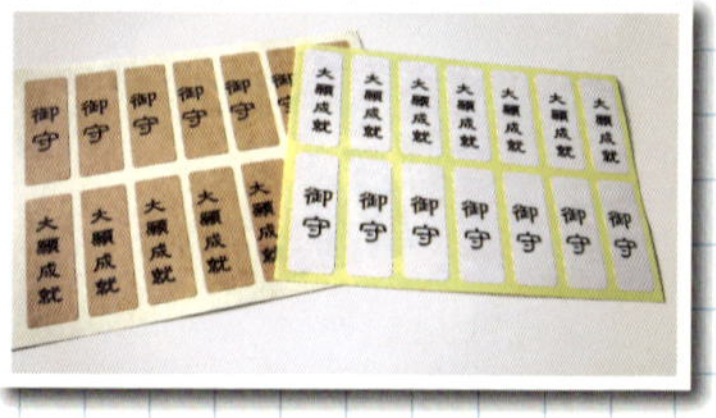

御守づくりでも大活躍。
（p.76 参照）

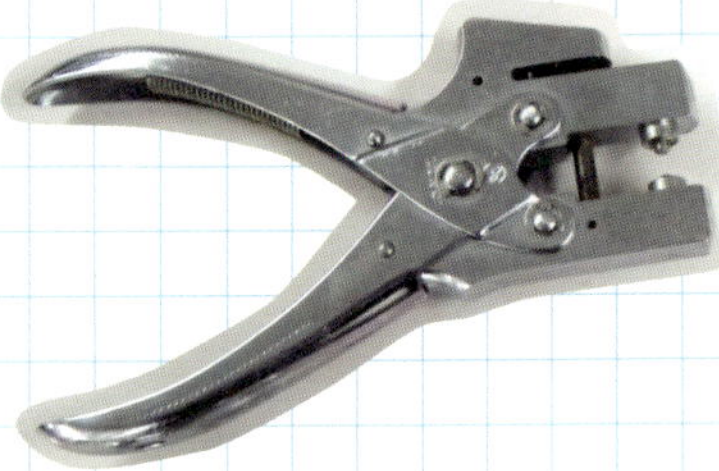

片面ハトメ（上）は裏側がゴツゴツしますが、両面ハトメ（下）はすっきりきれいに留まります。

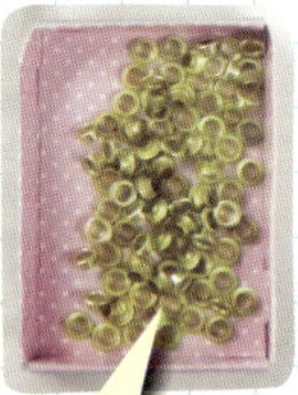

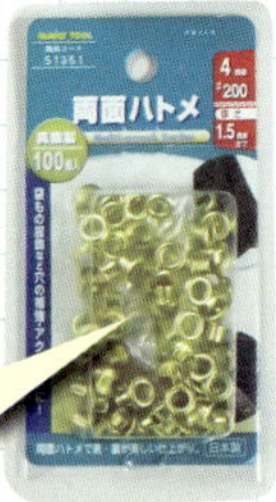

片面ハトメ＆両面ハトメ

穴あけパンチで開けた穴を補強する金具です。金具にはスチールやアルミや真鍮、カラフルな色つきなど、さまざまです。

ネオジムマグネット

「何これ、押しピン？」といわれる形状がつまみやすくて使いやすいのです。透明で全く目立たないところも素晴らしい。軽いものならフック代わりにつるせます。

（p.58 参照）

おわりに

「本は読むに限る」

これまでの人生で物語のようなものを書いたことも書こうと思ったこともなく、本を出したいとも本が出せるとも思っていませんでした。いざ書くとなるとこれがもう大変で大変で、安請け合いした自分を呪ったものです。それでも美しく整えられたページのゲラを見ると、編集とレイアウトのプロの技が圧倒的で感動しました。仕事で書誌データを入力する際に、著者や監修者のほかに編集協力とかデザインとかたくさんの名前が奥付にある本がたまにあります。お名前のヨミも確認できないことがほとんどなので、入力せずに見て見ぬふりをしていました。今となっては「私の名前なんて消していいから奥付に編集者さんとか皆さんのお名前を載せて！」という気持ちです。少年写真新聞社の藤田さん、連載時の担当の新井さん、お世話になった皆さま、大変貴重な経験をさせていただきました。感謝いたします。

＜参考資料＞

・『一瞬で心をつかむ魔法の黒板ＰＯＰ』 石川香代著　かんき出版　2008年
・『店頭＜手書き＞ボードの描き方・作り方』 中村心著　日本実業出版社　2011年
・ｕｎｉ　手書きＰＯＰマニュアル　http://www.mpuni.co.jp/pop-manual/
・ショップスタイル　ＰＯＰデザイン作成講座　http://www.myshop-style.com/contents/pop/
・「手作りなら、思いのママ。」http://handmade.xsrv.jp/
・LibraryNAVI アーカイブ　http://librarynavi.seesaa.net/

＜協力＞

・熊本県立岱志高等学校　渡辺芙美さん
・熊本県立天草高等学校

本書は『図書館教育ニュース』解説付録に2015年４月～2016年３月の間連載されたものを、大幅に加筆修正しました。

著者紹介

秋田倫子（あきたりんこ）

1971年熊本生まれの熊本育ち。1994年に熊本県の県立学校（主に高校）の学校司書（職名は学校図書館事務職員）に採用される。学校図書館問題研究会（学図研）会員。趣味は100円ショップのパトロール。モットーは「何事も勉強、そしてすべては選書のため」

来館待ってます！ 手軽にトライ **学校図書館のアイデア＆テクニック**

2017年4月25日　初版第1刷発行

著　者　秋田倫子
発行人　松本恒
発行所　株式会社　少年写真新聞社
〒102-8232　東京都千代田区九段南4-7-16
市ヶ谷KTビルI
TEL　03-3264-2624　FAX　03-5276-7785
URL　http://www.schoolpress.co.jp/
印刷所　大日本印刷株式会社

ISBN978-4-87981-599-6　C3000　NDC017

編集：藤田千聡　DTP：金子恵美　イラスト：井元ひろい　校正：石井理抄子　編集長：河野英人